L'énigme de la Vénus Hottentote

Du même auteur

L'État de santé, Buchet-Chastel, 1985.
Les Nouveaux Vieux, Le Pré-aux-Clercs, 1989.
Le Corps défendu, Jean-Claude Lattès, 1994.
Histoires secrètes de la psychanalyse, Albin Michel, 1997.
Madame Freud, Payot, 2006
Renée Pélagie, marquise de Sade, 2008

févr 2010

Gérard Badou

L'énigme de la Vénus Hottentote

Petite Bibliothèque Payot/Voyageurs

Retrouvez l'ensemble des parutions
des Éditions Payot & Rivages sur

www.payot-rivages.fr

À Françoise

REMERCIEMENTS

Portes closes et bouches cousues...

Les voies conduisant à l'histoire de Sarah Baartman se sont révélées tortueuses et encombrées d'obstacles inattendus. Ma gratitude va à celles et à ceux qui m'ont aidé à faire sauter quelques verrous et qui m'ont guidé vers les bonnes sources. Merci à Francine N'Diaye, Marie Mauzé, Michel Izard, François-Xavier Fauvelle, Christophe Reilhac, Frédéric Couderc... Et à quelques autres.

« L'expérience nous prouve, malheureusement, combien il faut de temps avant que nous considérions comme nos semblables les hommes qui diffèrent de nous par leur aspect extérieur et par leurs coutumes. »

Charles DARWIN, 1871.

« Le barbare, c'est d'abord l'homme qui croit à la barbarie. »

Claude LÉVI-STRAUSS, 1987.

PROLOGUE

Aucun des visiteurs du musée de l'Homme n'a pu rester insensible à la vision de la Vénus Hottentote, cette Africaine statufiée dans son moulage de plâtre brun. D'un réalisme tel que certains crurent y voir un vrai corps naturalisé, une momie rembourrée. Le visage, surtout, est bouleversant, les yeux fermés sur une douleur muette. La bouche entrouverte, exhalant un dernier souffle, interminable. Bizarrement, c'est ce visage – celui d'une morte – qui semble donner vie à ce corps jadis moulé à même la peau du cadavre. Lourdes mamelles en forme d'outres, pendantes. Hanches aussi larges que des calebasses. Croupe sidérante, prolongeant la silhouette par une protubérance aussi massive qu'un monstrueux balluchon de chair. Et, dissimulé entre les cuisses épaisses, le sexe, mystérieux, pendouillant comme une chair molle.

Autant d'énigmes dans cette sombre nudité qui fascine les regards et trouble les esprits. Gênés, les enfants rient, et les parents ronchonnent. À leurs yeux, il s'agit là d'un monstre, au sens banal du terme : un être anormal, une aberration de la nature. Mais, à l'inverse d'une répulsion, c'est une attraction qu'elle exerce sur le public, éveillant au tréfonds de l'esprit d'autres images, immémoriales, découvertes dans les cavernes de nos lointains ancêtres, ces « Vénus callipyges » aux formes abondantes, et dont la signification échappe aux savants : représentation de la déesse Mère ? Figure de la femme essentielle ? Symbole de fécondité ? Archétype du désir sexuel ? Simples objets érotiques ? Toute cette gamme d'interprétations incertaines ne fait qu'accroître le mystère. Or, la même équivoque émane de la Vénus Hottentote, plantée là, debout, en grandeur nature, extraordinairement présente. Et d'autant plus troublante qu'elle est noire, africaine, plus qu'étrangère : exotique ! Donc définitivement autre.

Telle est la configuration des traits génétiques, anatomiques et ethniques qui déterminent l'identité de ce personnage insolite. S'y ajoutent les caractéristiques des lieux et des temps qui l'ont vu naître aux alentours de 1789.

En cette fin du XVIIIe siècle, la pointe extrême de l'Afrique australe était le théâtre des violences qui opposaient les Noirs aux colons hollandais, les fameux Boers. L'asservissement aux Blancs était souvent le seul moyen d'échapper au massacre. Ainsi la future jeune « Vénus », esclave de la crainte, fit-elle l'apprentissage de la soumission.

Telle est la cruelle conjonction des faits qui président aux destinées de cette bizarre créature, apparemment condamnée à n'être qu'un objet de curiosité. Et cela au-delà même de sa mort, lorsque l'on a fait de son moulage une pièce de musée, flanquée de son propre squelette, comme sur ces tableaux anciens appelés « vanités », par lesquels les peintres exprimaient la précarité de la jeunesse promise aux inéluctables ravages du temps. Allégorie dérisoire car, en l'occurrence, cette femme contrefaite ne prétendait évidemment pas incarner la beauté, du moins aux yeux des Européens. Voici l'impitoyable description qu'en donnait déjà, de son vivant, en 1810, un observateur anglais nommé Bernth Lindfors :

> Ses traits les plus caractéristiques concernent surtout son énorme derrière et l'élongation de son « tablier génital », particularités anatomiques qui la rendent plus proche des babouins que des êtres humains.

À lire ces mots que personne n'oserait plus formuler aujourd'hui, on peut imaginer les sarcasmes qui accablèrent cette pauvre fille affublée du titre de « Vénus », le summum de la dérision ! Mais aussi, quel titre de gloire ! À vingt ans, la Vénus Hottentote accédait à une imprévisible célébrité. Son nom s'affichait en lettres capitales sur les murs de Londres et il défrayait la chronique dans la presse britannique. À Paris, des enseignes de boutiques à la mode seront peintes à son effigie et, sur les grands boulevards, le théâtre du vaudeville consacrera sa renommée. Comment en est-elle arrivée là ? Par quel prodige une sauvageonne aux formes grotesques, soumise à un quasi-esclavage dans la brousse sud-africaine, a-t-elle pu accéder à une telle notoriété dans deux des plus grandes capitales d'Europe ? Époustouflante destinée qui s'achèvera sous le scalpel de Georges Cuvier, l'un des plus grands savants de l'époque. Ainsi la Vénus Hottentote continuera-t-elle d'exciter les fantasmes de plusieurs générations de curieux émoustillés par son étrange physionomie.

On pense à cet autre phénomène, John Merrick, alias *Elephant Man*, un homme à tête énorme, défiguré par les enflures dues à la maladie, qui fut exhibé dans une baraque foraine, à Londres, en 1884, et qui devint, lui aussi, l'idole des salons jusqu'à ce que sa disparition émeuve l'opinion en faveur de la dignité des « monstres ».

La Vénus Hottentote, elle, continuera d'exister longtemps après sa mort. Offerte aux regards du public, pendant plus de cent cinquante ans, d'abord au Muséum d'histoire naturelle, puis au musée de l'Homme dont elle devint la star. Mais soudain, à une époque récente, commence pour elle un nouvel épisode de ses aventures posthumes. Elle disparaît. Soustraite aux regards de ses admirateurs, pour d'obscures raisons qui seront exposées dans ces pages. Elle suscitera, jusqu'en 2002, de surprenantes controverses, projetée au cœur d'un imbroglio diplomatique entre la France et l'Afrique du Sud. Comme si son destin devait ne jamais s'achever. Voici la surprenante histoire de la Vénus Hottentote.

I

L'enfant de Bonne-Espérance

« La Vénus Hottentote ! » Elle n'avait pourtant rien d'une déesse de la beauté, cette jeune Noire qui débarqua à Londres, en 1810, et que les voyous du quartier des *Seven Dials* (les Sept Cadrans), jouxtant Piccadilly, eurent tôt fait de surnommer « *Fat bum* » (gros cul). Aurait-elle compris l'anglais que le mot ne l'aurait pas offensée, habituée qu'elle était à ce genre de moquerie.

Elle était née, vingt-deux ans plus tôt, dans ce pays lointain que l'on appelle aujourd'hui l'Afrique du Sud. Plus précisément, sur les bords de la rivière Gamtoos, qui marquait alors la frontière entre la colonie hollandaise du cap de Bonne-Espérance et le pays des Cafres.

Soyons francs. On sait très peu de choses sur les origines de notre « Vénus ». Les premières années de son existence sont encore obscures. Nulle écriture chez ces gens que l'on disait « sauvages ». Nulle autre trace des naissances, des vies, des morts, que dans la mémoire des hommes et des femmes de chaque tribu : archives impalpables. Si

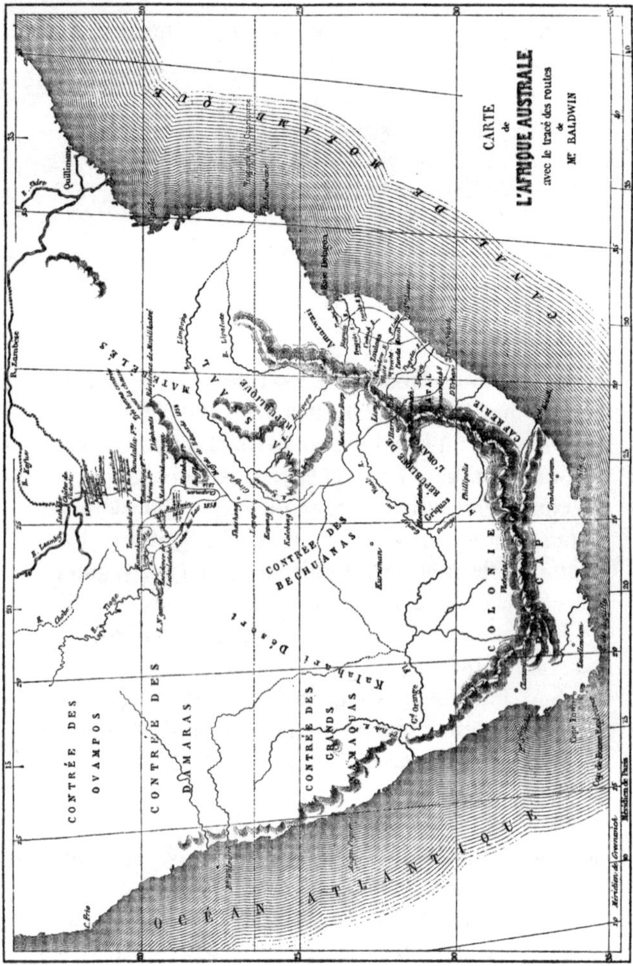

C'est aux frontières de la colonie du Cap et de la Cafrerie qu'est née la future « Vénus Hottentote », en 1789.

l'on veut tenter de reconstituer ce que fut l'enfance de notre héroïne, il faut se rapporter à l'histoire collective de son peuple et aux récits des voyageurs occidentaux qui exploraient l'Afrique australe à cette époque. Ainsi guidée, l'imagination peut – comme disait Flaubert à propos de l'archéologie – « rebâtir des mondes avec des brins de sureau et des débris de pots de chambre ».

S'agissant de l'histoire d'une vie humaine, les fouilles exigent cette même interprétation des indices. Mais aussi un peu d'intuition, cette sympathie qui nous porte au cœur même des êtres. En découvrant les temps et les lieux dans lesquels la « Vénus Hottentote » a vécu ses premières années, on saisira mieux le caractère exceptionnel de sa destinée, absolument imprévisible, même pour un sorcier hottentot.

Au XVe siècle, à l'époque où furent découvertes ces terres qui forment la proue du continent africain séparant les eaux de l'Atlantique et de l'océan Indien, deux populations d'indigènes y étaient installées, depuis des millénaires : les « Hottentots », peuple errant de bergers poussant leurs troupeaux vers les lieux de pâture, et les « Bochimans », en hollandais *Bosjesman*, en anglais *Bushmen* (hommes de la brousse). Les Bochimans étaient eux aussi des nomades. Mais, répugnant à toute forme d'élevage, ils ne vivaient que de la chasse.

Au regard des anthropologues, Hottentots et Bochimans présentent les mêmes caractéristiques, en particulier leur petite taille (les hommes ne dépassant guère 1,60 m). Ils ont la peau de couleur jaune foncé, la pilosité presque nulle, les yeux bridés, les pommettes saillantes. Aussi les premiers Européens qui les rencontrèrent crurent voir en eux des Asiatiques provenant des rives orientales de l'océan Indien. Hypothèse non avérée. De même plusieurs théories contradictoires tentent d'expliquer l'immigration des Bochimans d'une part, et des Hottentots d'autre part, à partir de régions septentrionales de l'Afrique. Dans l'état actuel des connaissances, s'appuyant sur la découverte de squelettes exhumés dans cette pointe extrême de l'Afrique, il semble que ces deux populations étaient implantées sur ce territoire dès la période protohistorique, entre le troisième et le premier millénaire avant J.-C.

Concernant les caractères culturels propres aux Hottentots et aux Bochimans, les spécialistes sont unanimes. Surtout à propos de la spécificité de leur langage : le *khoï-khoï*, caractérisé par des claquements de langue qui font éclater les sons dans la bouche, rythmant les paroles comme un jeu de crécelles. Les premiers colons hollandais, évidemment incapables de comprendre ce baragouin, le tournèrent en dérision. Pour désigner tous ces Noirs qui, selon eux, s'exprimaient en caquetant comme des volailles, ils inventèrent le mot « *hot-en-tot* », une sorte d'onomatopée qui voulait dire « bégayer ».

Du coup, toutes les populations de la région du Cap furent confondues sous l'appellation d'*Hottentots*. C'est seulement par la suite que les colons établirent, dans leur vocabulaire, une distinction entre les bergers *Hottentots* et les chasseurs

Bochimans. Les intéressés, eux, se définissaient en des termes évidemment plus complaisants. Par référence à leur propre langue, les Hottentots se désignaient noblement par le double mot *Khoï-Khoï* qui signifie « l'homme de l'homme ». Troublante dénomination venant de ces survivants des temps originels qui, lorsqu'ils furent découverts par les Européens, à la fin du XVe siècle, vivaient encore comme avaient vécu leurs ancêtres du néolithique.

Fiers de ce titre – Khoï-Khoï – qu'ils considéraient comme une dignité, les Hottentots étaient peu enclins à le partager avec les Bochimans auxquels ils réservaient le nom, beaucoup moins flatteur, de *San* qui signifie « voleur » (de troupeaux). Les Bochimans préférant pour leur part se faire appeler *Houswaanas*, un mot d'origine imprécise, mais qui devait à la réputation de ces farouches guerriers d'être prononcé avec une certaine crainte.

De nos jours, afin d'éviter les confusions entre ces différents noms, les ethnologues ont instauré l'usage du mot « *Khoisan* », regroupant sous une même appellation les Khoï-Khoï et les San. Telle est l'actuelle terminologie scientifique. Toutefois, concernant les temps qui nous intéressent – ceux au cours desquels se déroule ce récit –, c'est le vocabulaire de l'époque qui continuera d'avoir cours. En l'occurrence, la « Vénus » ne peut qu'être « Hottentote ». Qui oserait parler de la « Vénus Khoisan » ?

C'est aussi dans l'optique historique qu'il convient de relater ces événements. En s'appuyant sur les témoignages des premiers voyageurs européens, tout en ayant soin de les recadrer en fonction des mentalités propres aux siècles passés. En effet, comme l'affirme François-Xavier Fauvelle dans sa thèse sur *Le Hottentot, ou l'homme limite*, les descriptions qui ont été faites des populations de la région du Cap, à partir du XVe siècle, n'ont cessé de les présenter comme des barbares arriérés. Et pour cause : la plupart des Blancs qui débarquaient alors en Afrique australe se comportaient en conquérants. Ils éprouvaient le plus profond mépris pour ces peuples, Hottentots, Bochimans, et autres « sauvages » à demi nus.

Souvenons-nous que les premières incursions des Européens dans la péninsule extrême de l'Afrique, à la toute fin du XVe siècle, n'avaient fait qu'effleurer le continent, en se limitant à la côte. Les marins portugais qui, dans le sillage de Vasco de Gama et de Bartolomeu Dias, avaient abordé ces côtes qu'ils avaient baptisées « cap de Bonne-Espérance » avant de poursuivre leur navigation vers les Indes, s'étaient peu intéressés à l'arrière-pays. Les rares indigènes qu'ils avaient côtoyés leur étaient apparus – rapporte un document de l'époque – comme « de misérables barbares qui arboraient autour du cou des boyaux de mouton répandant autour d'eux une abominable puanteur ». Attirail évidemment peu propice aux grandes embrassades avec les étrangers.

Mais voici qu'en 1648 un navire hollandais, le *Neuw Haarlem*, s'échoue accidentellement sur la côte sud-africaine. Bien obligés d'explorer la terre ferme pour y trouver de l'eau et de la nourriture, ces Robinsons découvrent des sites fabuleux qu'ils décriront comme un pays de cocagne à leurs camarades, venus les secourir, quelques mois plus tard. Rapporté aux Pays-Bas, l'incident prit l'ampleur d'une merveilleuse odyssée. Du coup, la puissante Compagnie néerlandaise des Indes orientales créera, en 1652, à la pointe de l'Afrique, dans la baie de la Table, une escale joliment nommée « station de rafraîchissement » – qui, sous l'impulsion de Jan Van Riebeeck, deviendra la future ville du Cap – destinée à ravitailler les équipages sur la route des Indes. Tel fut le point de départ de la colonisation hollandaise.

Ce sera aussi le début des explorations tentées par les voyageurs curieux de découvrir ces terres du bout du monde que leur ouvrait la route maritime de l'Orient. Les Français ne seront pas les derniers à tenter l'aventure. Quand, en 1719, Henri Chatelain publie sa carte des *Coutumes, mœurs et habillement des peuples du cap de Bonne-Espérance*, il n'a aucun complexe à décrire les Hottentots comme des êtres « tout à fait puants et hideux ». On ne sera donc pas surpris si, trente ans plus tard, se faisant l'écho de ces observations, la célèbre *Encyclopédie*, véritable monument scientifique inspiré par le « Siècle des Lumières », et réalisée sous la direction de Diderot et d'Alembert, définit les Hottentots en ces termes, pour le moins méprisants :

Hottentots : ce sont des Cafres, qui ne seraient que basanés s'ils ne se noircissaient la peau avec de la graisse et du suif qu'ils mêlent pour se barbouiller. Ils sont couleur d'olive, mais jamais noirs, quelque peine qu'ils se donnent pour le devenir. Leurs cheveux, collés ensemble par leur affreuse malpropreté, ressemblent à la toison d'un mouton noir rempli de crotte.

Il faut dire qu'à l'époque, la notion de racisme n'existait pas. Le mot lui-même, selon Alain Rey, n'apparut qu'au début du XXe siècle. Et l'on ne s'encombrait pas de précautions verbales pour exprimer ses réactions les plus primaires face à des hommes différents. Aussi convient-il d'accorder une mention spéciale à l'un de ces voyageurs, François Levaillant, qui – après deux séjours s'étalant sur trois années d'exploration de l'Afrique australe – en rapporte des récits empreints d'une rare humanité à l'égard des autochtones :

> Un bel esprit moderne [*écrit-il en 1783 (trois quarts de siècle avant les théories de Darwin !)*] réjouirait les cercles en assignant au Hottentot, dans la chaîne des êtres, une place entre l'homme et l'orang-outang. Je ne puis consentir à lui donner ce portrait. Les qualités que j'estime en lui ne sauraient le dégrader à ce point. Et je lui ai trouvé la figure assez belle parce que je lui connais l'âme assez bonne.

Propos d'une exceptionnelle magnanimité si l'on songe qu'au début du XIXe siècle, l'éminent géographe Conrad Malte-Brun décrivait encore en ces termes les indigènes de la région du Cap :

> Le dernier point de dégradation où l'espèce humaine puisse descendre. Un embarras visible dans toute leur manière d'être et d'agir, annonce, dès le premier abord, la dépravation de leur âme.

La sentence est cruelle. Mais nous apprendrons, au cours de ces pages, à relativiser ces observations « scientifiques », très souvent influencées par le contexte philosophique et politique de l'époque.

En outre, il faut bien admettre que les relations entre les différentes ethnies qui peuplaient alors l'Afrique australe pouvaient entretenir quelque trouble dans l'esprit des observateurs étrangers. Comment reconnaître infailliblement ces peuplades qui se mélangeaient ou qui s'affrontaient sur les mêmes territoires, au gré des migrations ? Aux Hottentots et Bochimans d'origine étaient venus s'ajouter les Bantous qui, plusieurs siècles auparavant, fuyant la fournaise équatoriale, étaient descendus vers le Sud, à la recherche d'un climat plus clément. Leur vaste famille s'était répartie en de nombreuses ethnies qui s'étaient installées dans divers sites : les Zoulous, Swazis et Xhosas (que les Blancs nommaient « Cafres ») occupaient le sud-est de la péninsule. Les Sothos vivaient sur les hauts plateaux. Et les Tsongas au nord-est.

C'est au cours de ces migrations que l'un des plus importants groupes hottentots, celui des Gonas, fut vaincu et absorbé par les Bantous. Ce qui diversifia encore le métissage. Les différences entre Hottentots et Bochimans étaient souvent, elles aussi, difficiles à distinguer. Vivant sur les mêmes lieux et parlant la même langue, les deux peuples étaient fréquemment mêlés l'un à l'autre, y compris pour se combattre. Quand le gibier se faisait rare, les Bochimans n'hésitaient pas à piller les troupeaux des Hottentots. Et leurs flèches empoisonnées n'épargnaient pas les pâtres qui se rebiffaient plutôt que de fuir en abandonnant leurs buffles, leurs chèvres et leurs moutons. Mais les rencontres n'étaient pas toujours aussi belliqueuses. D'une tribu à l'autre, on cousinait, au gré des circonstances : les Bochimans ne se gênaient pas pour kidnapper des Hottentotes. Et les Hottentots leur rendaient la politesse en frayant avec des Bochimanes. Les croisements étaient fréquents. Au point que les Blancs avaient bien du mal à distinguer les différences entre ces nègres et les métis. Méprise ou mépris ? Aux yeux des Blancs, la confusion était d'autant plus négligeable qu'en cette fin du XVIIIe siècle la situation en Afrique australe était particulièrement trouble.

Il importe aussi de rappeler que, bien avant cette époque, Hottentots et Bochimans avaient déjà été partiellement anéantis par l'expansion coloniale hollandaise. La variole – importée par les Blancs – avait décimé la population noire, comme ce fut déjà le cas, un siècle plus tôt, pour les Indiens d'Amérique contaminés par les conquistadores espagnols. Puis, après une période relativement calme, pendant laquelle Hottentots et colons avaient tenté de tirer profit les uns des autres, en échangeant des vaches et des chèvres contre des outils et de la pacotille, s'était installé un état de conflit permanent dont les causes étaient prévisibles.

Van Riebeeck, en tant que fondé de pouvoir de la Compagnie néerlandaise des Indes orientales, était alors plus puissant que ne l'aurait été un gouverneur délégué par les Provinces-Unies de Hollande. Il avait la haute main sur la région du Cap. Or, à partir des années 1650, il décida d'octroyer des terres à des colons dotés du titre de Vrijburghers, « citoyens libres ». Liberté acquise aux dépens des Noirs. En effet, les colons entreprirent de cultiver des territoires sur lesquels paissaient les troupeaux des Hottentots et chassaient les Bochimans. En 1659, ces populations se soulevèrent. Leur rébellion fut rapidement noyée dans le sang.

Tentant d'échapper au carnage, les survivants d'une tribu hottentote, les Koranas, émigrèrent vers le nord-est où ils se heurtèrent aux Sothos qui, après les avoir écrasés, assimilèrent les rescapés, comme l'avaient fait les Bantous au détriment des Gonas. De même les Namas (ou Namaquas), appartenant eux aussi à la famille hottentote, avaient fui la colonisation hollandaise en s'exilant vers le nord, dans un territoire correspondant à l'actuelle Namibie. Regroupés autour de quelques chefs de guerre, tous ces rebelles résistèrent épisodiquement aux attaques des colons toujours en quête de nouveaux territoires. C'est aussi vers le nord que s'enfuirent des hordes de Bochimans rescapés des combats et qui erraient aux confins du désert du Kalahari, à la recherche d'un gibier de plus en plus rare.

En 1720, après quarante ans de guerres, de tueries, de spoliations, d'exode, l'anéantissement des Hottentots, dans la région du Cap, était presque total. Comme le constate Richard Elphick :

> Ils ont été réduits à une petite fraction de leur population antérieure. Leur mode de vie traditionnel a virtuellement disparu, et même leur culture montre des signes d'usure.

Contraints à la servitude, les survivants allèrent travailler dans les fermes des *Boers* (d'un mot hollandais signifiant « paysans »).

Le lecteur aura compris qu'il est difficile de s'y retrouver dans cet embrouillamini de populations s'entre-tuant tour à tour en fonction de leur nationalité, de leur couleur, de leur race, de leur tribu. Tantôt victimes, tantôt meurtrières, tantôt asservies, tantôt serviles. L'allié d'un jour devenant l'ennemi du lendemain. Les Noirs voyant dans les Blancs des envahisseurs sanguinaires, mais aussi, parfois, des protecteurs qui leur accordaient une chance de survie en les nourrissant, au prix de leur travail et de leur liberté. Les Blancs, de leur côté, considérant les Noirs comme des sauvages destinés à être matés, exploités ou exterminés.

Entre colons et colonisés s'est ainsi instaurée l'odieuse sujétion qui lie l'esclave au maître. L'esclavage deviendra bientôt un état de fait dans toute l'Afrique australe. Et même un acte de foi. Au point que, plus tard, Andries Pretorius, futur président de la République du Transvaal dont la capitale portera le nom glorieux – Pretoria – encouragera cet esclavage, en déclarant : « La servitude du Noir au Blanc est d'institution divine. » Il n'est donc pas surprenant que l'asservissement des indigènes se soit développé en toute bonne conscience. D'autant que bientôt la main-d'œuvre locale, disséminée par les représailles et par la maladie, fut insuffisante. D'autres esclaves furent introduits dans les pays : Indiens, Malgaches, Malais, exploités par les Boers, de plus en plus nombreux.

Mais qui étaient-ils donc, ces Boers descendant des premiers colons hollandais ? Apparemment des types assez rustres, à en juger par le portrait qu'en brosse un voyageur anglais, William Baldwin :

> À peine sont-ils supérieurs aux Cafres. Ils ne connaissent rien en dehors de leurs chariots et n'ont jamais ouvert un livre quelconque. Leur ignorance est poussée aux dernières limites. Ils ne savent même pas ces choses familières à tous les enfants d'Europe, et vous posent les questions les plus absurdes. Ils emploient leurs loisirs à fumer leur pipe en avalant du café. Je ne comprends pas comment ils supportent leur existence meublée d'interminables récits de chasse que l'on connaît vite par cœur. C'est la seule chose que l'on puisse en tirer. Sans oublier leur superstition qui est presque égale à celle des Hottentots.

Provisoirement mêlé à ces Boers qu'il accompagne dans leurs chasses, Baldwin, en bon gentleman britannique, tient à marquer sa différence à l'égard de ces paysans. Aussi a-t-il tendance à forcer un peu le trait de la description qu'il en fait. C'est à tort qu'il affirme que les Boers n'ont jamais ouvert aucun livre. En réalité, ils n'en lisent qu'un seul : la Bible. Ils y puisent la consolation de la vie austère qu'ils mènent dans ces contrées sauvages. Mais aussi la conviction de leur supériorité sur les Noirs qu'ils maltraitent, persuadés – ainsi qu'on l'a vu – qu'ils ont reçu de Dieu la mission d'imposer sa domination sur ces barbares.

Une autre caractéristique de ces Boers : leur insatiable avidité de nouveaux territoires, extraordinaire désir d'espaces infinis chez ces hommes exilés de leur Hollande exiguë. Mais sans doute aussi, à leur décharge, un violent besoin de liberté. Ce fut notamment le cas pour ces quelque deux cents Huguenots français qui, en 1688, s'étaient mêlés aux Boers, après avoir fui leurs terres pour ne pas avoir à subir la Révocation de l'Édit de Nantes. Ils s'intégrèrent très rapidement aux autres colons. D'autant plus contraints de s'assimiler à la population d'origine hollandaise que la toute-puissante Compagnie néerlandaise des Indes orientales leur interdira l'usage de la langue française.

Les mœurs étaient plutôt rudes parmi tous ces colons. Quelle que soit leur origine, ils n'avaient guère été gâtés dans leur pays. Aussi, à l'évidence, se sentaient-ils peu enclins à sympathiser avec les Noirs. Seules les femmes trouvaient – si l'on peut dire – grâce à leurs yeux. Ils s'en emparaient sans scrupules, pour les plaisirs du sexe et les devoirs de la procréation.

Il faut dire que rares étaient les Hollandaises qui avaient accepté d'accompagner les premiers Boers dans leur aventure coloniale. Par la suite, on leur avait bien expédié d'Amsterdam quelques orphelines abandonnées par leur famille. Mais elles avaient été trop peu nombreuses pour satisfaire les désirs matrimoniaux de milliers de colons. Ceux-ci avaient donc jeté leur dévolu, parmi leurs prises de guerre, sur de jeunes indigènes qui les servirent aux champs et au lit.

On pourrait croire que ce métissage a eu pour effet salutaire d'atténuer les haines raciales. Il n'en fut rien, bien au contraire. Les *Basters* – autrement dit les bâtards –, loin de considérer cette appellation comme une injure, en tiraient souvent vanité. Fiers du sang de Blanc qui coulait dans leurs veines, un grand nombre d'entre eux, comme s'ils haïssaient la part de nègre qui était en eux, participèrent impitoyablement à l'extermination des Noirs. Celle-ci fut particulièrement féroce entre 1785 et 1795. Mais il faudra attendre 1836 pour que soit dressé un bilan officiel du désastre. C'est en effet à cette date qu'un rapport présenté devant le Parlement britannique constatait que sur deux cent mille Hottentots qui vivaient dans la région du Cap à l'arrivée de Van Riebeeck, on n'en comptait plus que trente-deux mille ! Déjà, en 1797, un gentilhomme anglais, sir Barrow, auditeur général de la colonie du cap de Bonne-Espérance, dénonçait en ces termes les violences exercées sur leurs « serviteurs » par la plupart des fermiers hollandais :

> Cette brutalité, le pauvre Hottentot la supporte avec patience, ou bien il y succombe. Mais elle opère tout autrement sur le caractère du Bochiman. Celui-ci saisit la première occasion pour s'enfuir, souvent en emportant avec lui un mousquet, de la poudre et des balles. Le récit des cruautés qu'il a éprouvées l'excite à la vengeance.

Les échos de ces brutalités parviendront aussi dans la France des Lumières. Ils inspireront à Diderot – dans ses *Fragments échappés du portefeuille d'un philosophe* – ce violent pamphlet qui exhorte les indigènes à la révolte :

> Fuyez malheureux Hottentots, fuyez, enfoncez-vous dans vos forêts ! Les bêtes féroces qui les habitent sont moins redoutables que les monstres sous l'empire desquels vous allez tomber. Le tigre vous déchirera peut-être, mais il ne vous ôtera que la vie. L'autre vous ravira l'innocence et la liberté. Ou si vous vous en sentez le courage, prenez vos haches, tendez vos arcs, faites pleuvoir sur ces étrangers vos flèches empoisonnées [...] Mais hélas, vous êtes sans défense... Ou vous plierez à leurs folles opinions ou ils vous massacreront sans pitié.

Tous ne plièrent pas ! Quelques courageux se révoltèrent, parmi les Hottentots et les Bochimans. Quantité d'armes et de munitions furent conquises ou volées par des Noirs insoumis qui attaquèrent les fermes des Boers. Ces derniers apprirent, à leurs dépens, que les Bochimans étaient aussi bons tireurs au fusil qu'ils l'étaient à l'arc. Bientôt, certains d'entre eux n'hésiteront pas à recruter, parmi ces mêmes guerriers qui les assaillaient, des mercenaires qu'ils emploieront pour combattre les Bantous quand de nouvelles calamités allaient s'abattre sur le pays : les tristement célèbres *guerres cafres.*

« Guerres » au pluriel. Car elles se déroulèrent en plusieurs épisodes à partir de 1779. C'est à cette date que, poussés par l'essor du peuple Zoulou, les Bantous – appartenant au même groupe : les Ngunis – quittèrent la région qu'ils occupaient (l'actuel Natal), pour se déployer vers le sud-ouest, à la recherche de nouveaux territoires. Or, il se trouve qu'à cette même époque la colonisation hollandaise, elle aussi en plein développement et par conséquent avide d'espaces à conquérir, s'étendait vers le nord-est, en direction du Natal. Le choc entre les Noirs et les Boers était inévitable. Il dura dix ans. Jusqu'en 1789.

C'est à cette même époque que naquit la future « Vénus ». Tandis que la France s'apprêtait à faire la Révolution, les Noirs de la région du cap, dit de « Bonne Espérance », avaient fini par « plier », comme l'avait prédit Diderot : afin d'échapper au massacre. Se soumettant aux colons, sans autre espoir que survivre. Ils acceptèrent de travailler pour les Boers, principalement dans les fermes, aux champs, à la garde des animaux, aux tâches domestiques. C'est peut-être dans l'une de ces fermes que notre héroïne vint au monde. À moins qu'elle n'y ait été amenée en même temps que sa mère qui mourut lorsque l'enfant était âgée de deux ans. Telle est la double hypothèse qui découle des rares confidences que la jeune femme fera plus tard.

Était-elle vraiment Hottentote, au sens du nom

que les colons donnaient aux éleveurs de troupeaux ? La réponse à cette question résulte de critères bien étranges, touchant à la plus secrète intimité de sa personne : le fameux « tablier ». Il s'agit d'une anomalie sexuelle formée par l'hypertrophie des petites lèvres de la vulve. Ces replis de chair délicate peuvent, dans certains cas, déborder des grandes lèvres, et pendre sur les cuisses sur une longueur pouvant atteindre une dizaine de centimètres, parfois plus. De quoi inspirer bien des fantasmes. Un sexe surdéveloppé étant l'indice supposé d'une hypersexualité. Ce phénomène a suscité, pendant plusieurs siècles, des polémiques dignes des controverses byzantines sur le sexe des anges. Certains anatomistes considéraient que le « tablier » était une exclusivité bochimane. Selon eux, la Vénus, dotée de ce mystérieux « tablier », était donc Bochimane. D'autres affirmaient au contraire qu'elle était bien une authentique Hottentote puisqu'ils avaient, de leurs yeux, vu que certaines de ces femmes étaient, elles aussi, pourvues du « tablier ».

Hottentote ou Bochimane, la Vénus est aujourd'hui revendiquée par les descendants de plusieurs ethnies sud-africaines, toutes étant plus ou moins métissées. Dans ce méli-mélo généalogique une seule chose paraît à peu près sûre : notre héroïne était elle-même une métisse. Sa mère devait appartenir à une tribu de chasseurs Bochimans, alors que son père – comme elle le révélera elle-même plus tard – était l'un de ces bergers Hottentots qui, avec ses compagnons, rassemblait des troupeaux à l'intérieur du pays pour les conduire jusqu'au Cap. C'est au cours d'un de ces voyages qu'il fut tué par des Bochimans. Nous reviendrons sur ces affirmations.

Toute jeune, l'enfant a dû porter l'un de ces noms usuels en langage khoï-khoï : *Ungka*, *Tsiko* ou *Satchwe*. Appelons-la donc provisoirement Satchwe, pour des raisons qui s'expliqueront plus loin.

La vie ne devait pas être très facile pour la petite orpheline vivant dans cette sorte de campement – le *kraal* – constitué de huttes agglutinées à l'écart de la ferme d'un colon nommé Peter Caezar, isolée sur le plateau du Karoo qui descend en gradins jusqu'à la plaine côtière du Cap. Les Noirs dans les cahutes, les Blancs dans les bâtisses au toit de chaume, premiers germes de cette ségrégation raciale que les descendants des Boers baptiseront un jour d'un mot bien à eux, mais qui fera le tour du monde : « apartheid ».

Vivant là, avec ses frères et sœurs, Satchwe – comme tous les enfants de sa tribu – dut être initiée à la vie de la brousse en même temps qu'aux usages et aux croyances de son peuple, transmises par le récit de légendes exhalant une cosmogonie très poétique. Elle apprit que le vent est un oiseau qui vit dans un trou de la montagne, et que l'on entend siffler quand il sort pour chercher sa nourriture avant de retourner se reposer dans sa cachette. Elle fut aussi émerveillée quand on lui expliqua que le soleil est un vieil homme qui, la nuit, protège la lumière au creux de son aisselle et qui, chaque matin, lève le bras pour éclairer le monde autour de lui. Mais sa tante Dikai lui a aussi raconté comment sa mère était morte et pourquoi tous les gens sont mortels :

> Au commencement des temps, le Créateur – Quamata – vivait sur terre parmi les hommes. Un jour il prit femme. Mais celle-ci, bientôt, tomba malade. Alors le Créateur partit chercher des herbes et des insectes qu'il réduirait en poudre pour en faire des remèdes. Auparavant, il enferma sa femme dans une caverne en recommandant à ceux qui veilleraient sur elle de ne pas l'enterrer si elle venait à mourir. Or, elle mourut. Et les gens, effrayés par ce cadavre, décidèrent de l'ensevelir. Quand le Créateur revint, il se fâcha et déclara que si on lui avait obéi, il aurait redonné vie à sa femme et aussi accordé à tous ceux qui l'entouraient, ainsi qu'à leur descendance, le pouvoir de revenir à la vie s'il advenait qu'ils meurent. « Désormais, leur dit-il, vous serez tous mortels ! » Puis il les abandonna sur terre et partit pour le ciel.

Ainsi Satchwe apprit-elle à considérer la mort comme un châtiment. Elle comprit aussi qu'il lui fallait redouter tous ces disparus dont les esprits pouvaient soudain se rappeler à elle, à n'importe quel moment de la journée, en effleurant sa peau, ou, la nuit, en lui apparaissant dans ses rêves. Voilà pourquoi sa tante lui rappela qu'à la mort de sa mère, on avait sacrifié un chevreau pour purifier la famille dont tous les membres s'étaient succédé devant la tombe pour y jeter une pincée des aliments recueillis dans l'estomac de l'animal, en disant : « Laisse-nous dormir en paix. Ne reviens pas hanter notre sommeil. » La petite Satchwe avait, elle aussi, accompli ce geste. Certes, elle était alors trop jeune pour pouvoir s'en souvenir, mais elle se sentait à jamais imprégnée de cette magie familière à tout Africain, et qui se manifeste par une multitude de faits que les Blancs ne perçoivent même pas.

Les années passant, l'enfant eut de moins en moins le temps de rêvasser. Tandis qu'hommes et femmes participaient aux travaux de la ferme, des plantations et de la garde des troupeaux, en rechignant sous les injures et sous les coups des Boers, Satchwe aidait les vieilles à la cueillette des herbes et des graines de tamaris qui servent à faire des chandelles pour s'éclairer. Elle arrachait aussi toutes les plantes qui pouvaient se manger, car les fermiers étaient chiches quant au partage de la nourriture. Mieux valait compter sur le lait des chèvres et sur les rares bestioles que les chasseurs parvenaient à soustraire au gibier destiné aux patrons. Un voyageur allemand, Kolbe, raconte que les Noirs se régalaient aussi de singulières « friandises » : des sauterelles et des termites. En réalité, c'est la faim, et non la gourmandise, qui les poussait à manger ces insectes que les Blancs, évidemment, ne leur disputaient pas. Il en allait tout autrement du *keo*, le miel sauvage qu'il fallait voler aux abeilles et auquel les Noirs ne goûtaient qu'en se léchant les doigts endoloris par les piqûres, alors que les maîtres s'en gavaient à pleines louchées, sans avoir pris le risque de participer à la récolte.

Cet asservissement sans chaînes n'avait que

l'apparence de la liberté. De temps à autre – rapporte le lieutenant Patterson, qui fut témoin d'un de ces épisodes, au cours d'une halte dans une des fermes – un jeune membre de la tribu s'enfuyait et regagnait la vie errante :

> Dégoûté de sa servitude, il s'aperçoit que sa volonté est anéantie. Il n'est pas surprenant qu'alors, il fasse tous ses efforts pour recouvrer sa liberté en s'échappant. Mais ce qui paraît fort extraordinaire et qui excite toute l'attention du philosophe*, c'est que lorsque ces pauvres malheureux se sauvent, ils n'emportent rien de ce qui ne leur appartient pas.

Laissons au lieutenant Patterson la responsabilité de ses jugements angéliques, probablement inspirés par la lecture béate des théories de Rousseau sur le « Bon sauvage ». Il est tout simplement vraisemblable que le fuyard évitait de s'encombrer des pauvres objets qui pouvaient le gêner dans sa fuite. En revanche, on a vu qu'il ne répugnait pas à s'emparer des armes qu'il retournait ensuite volontiers contre les colons. Ces évasions donnaient lieu, de la part des maîtres, à des représailles qui se voulaient exemplaires. C'est surtout le vol d'arme qui était puni. La fuite elle-même ne tentait guère la majorité des hommes et des femmes qui acceptaient ce servage, humiliant, mais cependant moins redoutable que la solitude face aux multiples dan-

* « Quel droit mon esclave aurait-il contre moi, puisque tout ce qu'il a m'appartient ? », J.-J. Rousseau, *Le Contrat social* (§ IV).

gers de la brousse. Aussi, le récit, enjolivé, de l'exploit des fuyards entretenait-il longtemps les bavardages et les rêves de ceux qui restaient.

La jeune Satchwe partageait-elle ces rêveries ? La vie qui s'épanouissait en elle la préoccupait sans doute plus que le monde extérieur. Vers l'âge de douze ans, malgré une alimentation parcimonieuse, elle se mit à grossir. Ses formes s'épaississaient. Les fesses surtout. Puis d'autres bouleversements se manifestèrent dans son corps. Devenue pubère, elle dut accomplir le rituel que lui avait enseigné sa tante. D'abord, elle s'isola pendant plusieurs jours, assise à l'écart du *kraal*, sur une couverture de cuir, avec une poignée d'herbes sèches entre les jambes pour éponger ses premières règles. Elle pleura, longtemps, effrayée par sa solitude et par les bruits de la nuit. Enfin, lorsque éclata l'orage tant attendu, elle se mit à courir – comme on le lui avait ordonné –, nue sous la pluie, afin d'assurer sa fertilité future. Le lendemain, la vieille Dikai lui raconta, longuement, d'une voix monocorde, comment se faisaient les enfants. Et la façon dont accouchaient les femmes, accroupies au-dessus d'un trou creusé dans le sol.

Désormais, Satchwe faisait partie des filles à marier. Elle apprit à construire une frêle hutte, sans se déchirer les mains, en tressant les tiges épineuses arrachées aux buissons, à faire naître le feu d'un bout de bois roulé entre les paumes de ses mains, à cuire les aliments sans incendier la case. Elle savait que les garçons l'observaient dans l'accomplissement de ces tâches où la moindre faute donnait lieu à d'interminables moqueries.

Mais Satchwe était intelligente et habile. Gaie aussi. Elle avait très vite appris à tirer des sons de la goura, un curieux instrument dérivé de l'arc, l'arme de chasse et de guerre des Bochimans. Quand on en faisait vibrer la corde à laquelle était fixée une plume que l'on tenait entre les dents, l'engin de mort produisait une jolie petite musique de vie. Satchwe maîtrisait bien cet instrument. On lui demandait d'en jouer par temps d'orage, pour conjurer la foudre. Et aussi pour accompagner les danses devenues plus rares en ces temps de servitude et de misère.

Car c'en était fini des grandes fêtes de jadis contre lesquelles les missionnaires avaient excité la colère des Blancs parce qu'ils les jugeaient « absolument obscènes ». Il faut bien admettre que certaines d'entre elles étaient effectivement de nature à choquer les puritains. Ainsi la « danse du chef » : les femmes formaient le cercle autour du meneur de la tribu, en agitant leurs fesses et leurs seins nus au rythme des tam-tams. Leur corps prenant des poses d'autant plus suggestives que le but de la danse était de désigner celle qui, parmi les belles, aurait le plus efficacement excité la convoitise du chef. Ce dernier, ayant fait son choix, bondissait alors sur la danseuse qui s'était le mieux distinguée et qu'il possédait sur place, au vu de tous : « Lui faisant, rapporte avec tact Victor Ellenberger, ce qui, dans les communautés civilisées, n'est réservé qu'à la plus stricte intimité. » Les missionnaires,

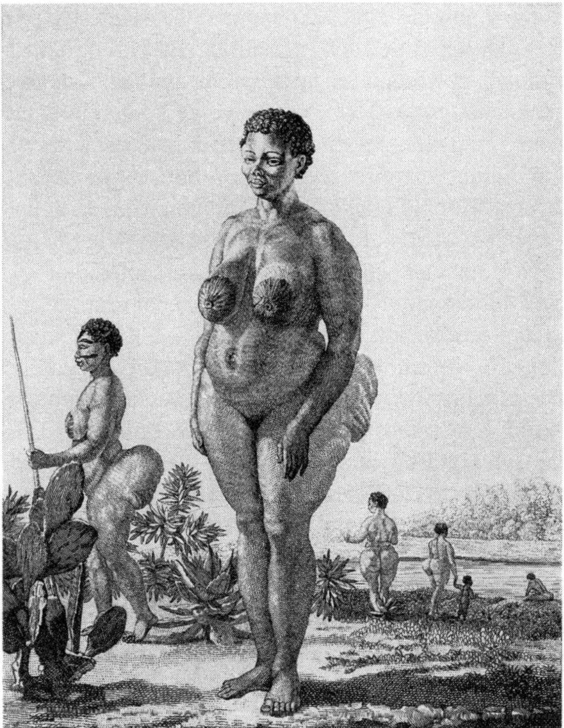

« La plénitude de son corps avait pour effet d'attirer sur elle les regards de plus en plus insistants des jeunes hommes. »

s'appuyant sur le bras séculier de la force colonisatrice et civilisatrice, avaient donc promptement interdit la danse du chef. D'ailleurs, il n'y eut bientôt plus de chefs, exterminés par les colons. Les danses rituelles ne continuèrent pas moins à rythmer épisodiquement la vie des tribus. Satchwe y excellait, comme toutes les filles de son âge. La danse était l'expression de sa jeunesse, de cette vie qui battait en elle comme les pulsations de ses artères. Elle ne pouvait alors imaginer que la danse – cet exaltant jaillissement de liberté – serait un jour, pour elle, une contrainte avilissante.

Elle devait avoir atteint l'âge de quinze ans quand la courbure de ses fesses et de ses hanches, déjà très volumineuses, s'épaissit encore, accentuée par la cambrure de ses reins. Le féticheur, ami de la tante Dikai, voyait dans cette métamorphose la vengeance d'un mort courroucé. En guise d'exorcisme, il fit couler sur le corps de Satchwe du lait mêlé au sang d'un poulet, tout en prononçant des mots à l'envers. La jeune « négresse » se souviendra-t-elle de ce cérémonial propitiatoire au moment de sa propre mort, moins d'une douzaine d'années plus tard ? C'est l'un de ses mystères.

Pour l'heure, elle constatait que la plénitude de son corps avait pour effet d'attirer sur elle les regards de plus en plus insistants des jeunes hommes. Elle-même n'était pas insensible aux particularités anatomiques de ces garçons dont un observateur attentif, et peut-être concupiscent, nous rapporte que : « Leur pénis garde toujours une position semi érecte. »

Mais le moment n'était pas encore venu pour Satchwe de s'unir à un homme. Comme dans de nombreuses autres sociétés, ces affaires-là étaient régies par les matrones, même si la jeune fille avait son mot à dire dans l'acceptation du prétendant. Ce dernier jouissait, de son côté, d'un certain libre arbitre quant au choix de sa future compagne. Mais une fois l'accord conclu, il n'avait plus le droit à l'erreur. La polygamie était rare et l'adultère absolument tabou. Interdiction d'autant plus stricte que, on le verra plus loin, les épouses veillaient jalousement à ce que cette règle de fidélité soit respectée.

Du coup, les garçons y regardaient à deux fois avant de se décider à convoler. Par chance, la coutume leur laissait une ultime possibilité de renoncement avant le serment définitif. Au cours d'une sorte de cérémonie préalable, la famille de la jeune fille mettait le garçon à l'épreuve en lui assenant des coups de baguettes. S'il tenait bon, le mariage était conclu. S'il s'enfuyait, les fiançailles étaient rompues. Sans doute la cérémonie était-elle purement symbolique, et les coups vraisemblablement simulés. Mais ils offraient au jeune homme une issue de secours, peu honorable, il est vrai. Mais néanmoins salutaire. D'autant qu'à cette époque, Hottentots et Bochimans jouissaient, semble-t-il, de mœurs très libres. Il suffisait qu'une fille et un garçon aient envie l'un de l'autre, pour vivre ensemble, hors mariage, jusqu'à ce que, se lassant de cette expérience, ils se séparent. Pour, éventuellement, changer de partenaire. Cela ne compromettait en rien un futur mariage, conclu solennellement, comme on l'a vu plus haut, par un serment de fidélité proclamé devant toute la communauté.

Tout cela se passait apparemment sans embarras. Avec une simplicité que Levaillant qualifie de « sauvage », au sens que l'on donnait alors à ce mot, celui d'un état de nature :

> J'ose attester, *écrivait-il,* que s'il est un coin de la Terre où la décence dans la conduite et dans les mœurs soit encore honorée, il faut aller le chercher chez ces sauvages. L'amour, pour eux, n'est qu'un besoin très naturel. Ils n'en ont point fait, comme dans les pays civilisés, une passion tumultueuse qui traîne après elle le désordre et le ravage.

Cette vision bucolique de la vie sentimentale des « sauvages » – comme, précédemment, les propos rousseauistes du lieutenant Patterson – semble, chez Levaillant, avoir été fortement influencée par ses lectures : en l'occurrence celle de l'idylle exotique de *Paul et Virginie*. C'est, en effet, à cette même époque que fut publiée la romance racontant les émois d'outre-mer imaginés par Bernardin de Saint-Pierre qui avait lui-même séjourné au Cap en 1771. En fait, si l'on en croit le témoignage de Victor Ellenberger – ce missionnaire qui a longtemps vécu au contact des Hottentots et des Bochimans –, ces peuples, comme tout autre société, connaissaient, eux aussi, les affres de la passion. Au point que les hommes préféraient rester fidèles à leur femme plutôt que d'attirer sur eux les foudres de la jalousie. D'autant plus sages que l'adultère était parfois puni de mort.

Satchwe n'eut pas à connaître ces tourments conjugaux. Sans doute s'initia-t-elle à l'amour avec quelques partenaires de son âge, mais à dix-neuf ans, elle n'était pas encore mariée. Il est vrai qu'un important changement s'était opéré dans ses conditions de vie. Depuis déjà plusieurs mois, elle-même et ses quatre sœurs avaient été soustraites aux travaux des champs pour être affectées aux tâches domestiques, à la ferme de Peter Caezar. À peine installée dans ce nouveau rôle, la jeune femme fut promptement rebaptisée par ses maîtres. « Satchwe » devint *« Saartjie »* (adaptation hollandaise de « Sarah »), sans doute par une commodité de langage, qui lui imposait néanmoins une nouvelle identité.

C'est aussi au cours de cette période que la jeune fille acheva la métamorphose qui s'accomplissait dans son corps depuis la puberté. Les rondeurs de ses hanches s'étaient épanouies en une sorte de monstrueuse apothéose. Pour les anatomistes européens qui ont étudié ce phénomène, il s'agit d'une *stéatopygie* ou « hypertrophie du tissu adipeux ». Autrement dit, d'une énorme couche de graisse qui recouvre les muscles des fesses et des cuisses. On a longtemps cru que cette réserve graisseuse permettait de poursuivre l'allaitement des enfants en période de famine. En fait, Raoul Hartweg, en 1962, constatera que cette graisse n'est, en aucun cas, utilisée par l'organisme et qu'elle persiste intégralement lorsque le corps des femmes qui en sont affligées subit un réel amaigrissement. Cette masse va, chez certaines de ces femmes, jusqu'à peser une trentaine de kilos. Levaillant – encore lui ! –, décidément très observateur, en donne une description plus imagée :

> Ce croupion allongé est une masse graisseuse qui, à chaque mouvement du corps, effectue une oscillation et une ondulation fort singulières. Les mères portent leurs enfants sur cette croupe. Ils s'y tiennent debout comme un jockey derrière un cabriolet.

Cette difformité n'était pas exceptionnelle parmi les Bochimanes. Plus fréquente, néanmoins, que chez les Hottentotes. Elle conférait aux femmes qui en étaient dotées une sorte de prestige mêlé de superstition. Ce qui explique le rituel de sorcellerie dont Saartjie avait fait l'objet quelques années auparavant. Désormais, elle s'en accommodait fort bien. Assumant d'autant plus facilement cette originalité que celle-ci semblait lui valoir une attention particulière de la part du maître, Peter Caezar, et de sa famille. Bref, Saartjie, jusqu'alors confondue dans la troupe des servantes du fermier, se sentait soudain remarquée.

C'est en ces circonstances, sous l'effet de sa bizarrerie anatomique, que va vraiment se jouer le destin de la jeune Noire. Elle n'en aura conscience que beaucoup plus tard. Ce qui la préoccupe alors, c'est une autre particularité de son corps, totalement secrète. Et qu'elle dissimule soigneusement, objet d'une pudeur farouche : le fameux « tablier ». Il s'agit, comme on l'a vu, d'une particularité

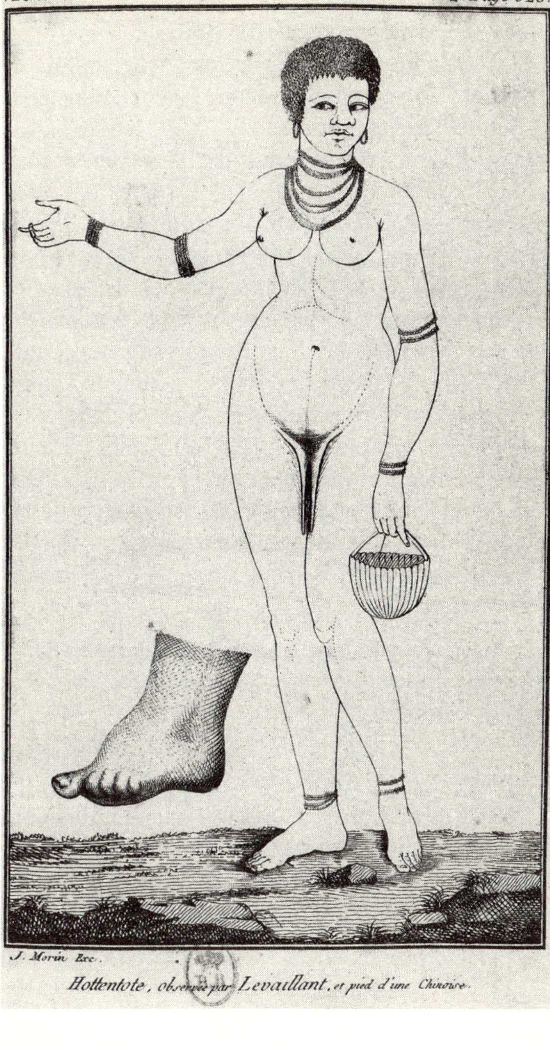

J. Morin Exc.

Hottentote, observée par Levaillant, et pied d'une Chinoise.

génitale se manifestant par une élongation des petites lèvres dépassant de la vulve.

Dès le début du XVIe siècle les voyageurs qui se vantaient d'avoir pu contempler cette fantaisie de la nature en exagéraient les proportions dans chacun de leurs récits. En 1707, François Leguat, au mépris de toute vraisemblance, prétendait avoir vu « une espèce de jupon qui recouvre la femme depuis la ceinture jusqu'aux genoux ». D'où la probable origine du mot « tablier » pour désigner ce qui n'est, plus modestement, qu'un « pendentif ». Plus tard, Levaillant, dont la curiosité ne connut décidément aucune restriction, a voulu, lui aussi, élucider le mystère du tablier. Avec sa délicatesse coutumière, il raconte comment, à cette fin, il tenta de séduire une Hottentote. En vain. Aussi dut-il solliciter l'intervention des parents de la jeune femme – et distribuer, sans doute, quelques cadeaux – pour que la dame acceptât de se laisser examiner, et dessiner :

> Alors confuse, embarrassée, troublante et se couvrant le visage de ses deux mains, elle me permit de contempler tranquillement ce que le lecteur verra lui-même dans la copie fidèle que j'en ai tirée.

Manifestement troublé par une observation aussi scrupuleuse de son sujet, Levaillant – s'abandonnant au badinage – se risque à imaginer la surprise de l'amant qui découvre soudain cette bizarrerie du sexe de sa belle. Et il éclate de rire :

> Oui lecteur, la seule vue du fameux tablier suffirait au plus monstrueux des libertins pour chasser de son

esprit toute idée d'une atteinte profane. Et, trompant le raffinement de ses besoins, ferait succéder le rire le plus inextinguible aux transports de la passion la plus effrénée.

Ce brave Levaillant, lui, se contentera de sourire en racontant la suite de sa minutieuse exploration. Expliquant, en termes élégamment ironiques, pourquoi il céda à la tentation :

> Puisque ma Hottentote a bien voulu faire le sacrifice de sa pudeur au progrès de mes études, une plus longue retenue de ma part passerait pour une discrétion puérile. Le scrupule sied mal où la nature n'a point placé la honte.

Bref, notre naturaliste amateur, nonobstant ses précautions de langage, finit par avouer qu'il a sauté son Hottentote. D'où ce trouble qui, à l'évidence, bouscule ses fragiles connaissances anatomiques :

> Le tablier n'est qu'une prolongation, non pas des nymphes [petites lèvres], mais des grandes lèvres des parties de la femme.

Erreur absolue ! Des observations ultérieures démontreront que cette singularité sexuelle est bien due à une élongation des petites lèvres. Et que dire de l'explication, tout aussi erronée, de Levaillant concernant l'origine du tablier ?

> Ce sont les frottements et les tiraillements qui commencent à distendre [ces chairs]. Des poids superflus achèvent le reste.

Bizarrement, le Français croit voir dans le tablier le résultat d'une sorte de manipulation esthétique, comme le sont, dans d'autres ethnies, les lèvres des négresses à plateaux.

Plus tard, certains observateurs attribueront l'origine du tablier à des pratiques vicieuses. En 1872, un naturaliste allemand, Gustav Fritsch, affirmera que le tablier des Hottentotes est la conséquence funeste de la masturbation. Pure calomnie ! On finira par admettre que cet argument révélait surtout la perversité de ceux qui avaient imaginé ces explications oiseuses.

Toujours est-il qu'à l'exemple de Levaillant, la plupart des voyageurs européens, sitôt débarqués en Afrique australe, n'ayant – prétendaient-ils – pas d'autre souci que de faire progresser la science, se hâtaient de soulever les pagnes de quelques Hottentotes ou Bochimanes afin de vérifier la vraie nature du tablier.

C'est ainsi qu'à la fin de l'année 1800, François Péron et Charles-Alexandre Le Sueur – tous deux membres de l'expédition française embarquée sur les navires *Le Géographe* et *Le Naturaliste* – font escale au cap de Bonne-Espérance. Dès leur arrivée, les deux hommes se rendent dans un hôpital de la ville exclusivement ouvert aux Noirs. Un médecin, le Dr Raynier de Klerck-Dibbetz, leur permet d'examiner plusieurs femmes. Péron rédige les observations et Le Sueur exécute les dessins. L'un et l'autre font preuve d'un zèle scientifique incontestable dans la recherche des détails confirmant que le tablier a bien pour origine l'hypertrophie des petites lèvres, alors joliment nommées « nymphes ».

Mais ce qu'il y a de plus surprenant dans le compte rendu des deux savants, c'est qu'ils invoquent, pour confirmer l'exactitude de leurs observations, les témoignages de leurs compagnons de voyage. Étranges experts !

> Tous les détails que j'ai l'honneur de présenter *[écrit Péron]* n'ont point été exclusivement décrits par mon ami Le Sueur et par moi-même. La singularité de ce genre d'observation était trop piquante pour ne pas exciter la curiosité de la plupart des individus attachés à l'état-major de notre vaisseau. Presque tous nos officiers sont parvenus, en divers endroits, à se procurer la vue de cette espèce de monstruosité. Mon ami L'Haridon, médecin de notre corvette, a fait lui-même des observations très particulières sur l'espèce d'orgasme dont cette partie, dit-on, est susceptible.

Le texte ne dit pas quelle fut la méthode « très particulière » mise en œuvre par le Dr L'Haridon pour provoquer l'orgasme chez les femmes possédant l'énigmatique « tablier ». Il laisse ainsi supposer que la « curiosité » des officiers français participant à l'expédition s'apparentait moins à une expérience scientifique qu'aux habituelles distractions d'une bordée de marins à l'escale.

Les vrais savants, eux, ne devaient pas ignorer que l'hypertrophie des petites lèvres, constatée – dès l'Antiquité – dans plusieurs contrées, avait donné lieu à des commentaires, souvent assez coquins, de la part d'auteurs grecs et romains, Pline l'Ancien en particulier. Mais c'est à l'Écossais Jacques Bruce que l'on doit l'histoire la plus surprenante sur le tablier. En 1791, il rapporte qu'en Abyssinie, les jeunes filles subissaient l'excision des petites lèvres pour éviter que le tablier ne constituât un obstacle au coït, et par conséquent, à la procréation. Cet usage avait scandalisé les missionnaires portugais qui, au XVIe siècle, avaient évangélisé les Abyssins. Les bons pères avaient aussitôt combattu cette pratique barbare. Avec succès. Les Abyssins, convertis au catholicisme, avaient fini par renoncer à l'excision. Mais, surprise ! Bientôt leurs filles ne trouvèrent plus de maris. En effet, les hommes s'inquiétaient de voir réapparaître, chez leurs futures épouses, le maudit tablier réputé hostile à leurs exploits reproducteurs. Bien embarrassés, les missionnaires décidèrent d'alerter leur hiérarchie romaine. Ils reçurent bientôt la visite d'un chirurgien délégué par le « Collège de la propagation de la foi ». Le praticien, après avoir doctement examiné des foules de femmes et de jeunes filles, remit au Vatican un rapport circonstancié. Instruit de ces observations, le pape, quelques mois plus tard, autorisait à nouveau la terrible coutume de l'excision !

Contrairement à ce qui s'était passé en Abyssinie, les ardeurs érotiques des Hottentots et des Bochimans n'étaient manifestement pas inhibées par le tablier de leurs compagnes. Ces dernières n'ont jamais eu à subir la moindre mutilation. On n'en dira pas autant des hommes. Il apparaît en effet que les Bochimans – du moins dans certaines de leurs tribus – à une époque plus ou moins reculée, avaient délibérément pratiqué l'ablation d'un testicule, comme signe de reconnaissance. Usage dans lequel Diderot verra un rituel comparable à celui de la circoncision observé dans d'autres sociétés.

Mais revenons à Saartjie. Comme la plupart de ses congénères, elle assumait avec modestie sa singularité génitale. À en juger par les témoignages qui permettront ultérieurement de mieux connaître sa personnalité, la jeune femme était d'un naturel intelligent et très doux. Georges Cuvier, le célèbre savant, la trouvera « complaisante ». Et, comme nous le verrons, appréciera sa gaieté. Mais nous n'en sommes pas encore à ce stade du récit.

En ces premières années 1800, Saartjie, comme ses sœurs, était encore mêlée aux autres servantes de la ferme Caezar. Pendant toute la journée, elle participait aux multiples corvées domestiques, rassemblant les fagots pour le feu, trimbalant des provisions d'eau dans des coquilles d'œufs d'autruche, pilant le sorgho pour faire le pain... Le soir venu, c'est souvent elle qui, avant le coucher, apportait au milieu de la salle un baquet dans lequel elle lavait les pieds de toute la famille, en commençant par Peter Caezar et sa femme, ou par les visiteurs quand, parfois, un voyageur ou un chasseur faisait halte à la ferme.

C'est ainsi que Saartjie eut souvent l'honneur de décrasser les orteils d'Hendrick Caezar, le frère de Peter, qui, de temps à autre, venait du Cap pour commercer avec les colons. Ceux qui le connurent décrivent en lui un grand barbu, malin et assez fort en gueule. À chacun de ses passages, Hendrick – contrairement aux autres hôtes – adressait la parole à Saartjie, lui posant des questions, et la félicitant, non sans condescendance, pour les quelques mots qu'elle bredouillait en dialecte hollandais. Flattée, elle riait alors, avec la retenue servile que lui imposait sa condition.

C'est au début de l'été 1807, lors d'un nouveau passage d'Hendrick à la ferme, que bascula le destin de la jeune Africaine. Un soir, au cours du bain de pieds rituel, Peter lui annonça qu'elle irait bientôt au Cap, pour s'occuper des enfants d'Hendrick. Saartjie n'avait guère d'autre choix que de consentir à ce projet. Quelques semaines plus tard, Peter l'avertit qu'elle partirait avec lui, accompagnée de deux de ses sœurs, avec un convoi de bestiaux destinés à Hendrick.

Le trajet fut très long, s'étirant au rythme des bœufs traînant les chariots qui précédaient le troupeau. Saartjie, comme tous les autres Noirs de cette équipée, devait participer au guidage des bêtes et à la préparation des bivouacs. Elle n'avait donc guère le temps de donner libre cours à son imagination. Sauf la nuit, quand elle interrogeait les étoiles et finissait par s'endormir sur des questions muettes qui restaient sans réponse.

C'est au neuvième jour, après l'épuisante traversée du plateau du Karoo, que s'acheva le voyage. Après une semaine de repos, Peter Caezar prit le chemin du retour. Saartjie ne le revit jamais. N'imaginant même pas qu'elle ait pu faire l'objet d'une tractation entre les deux frères. Désormais Hendrick serait son seul maître.

La ferme d'Hendrick Caezar se situait à trois ou quatre kilomètres des premières maisons de la ville du Cap qui se déployait en amphithéâtre sur le versant des montagnes de la Table et du Lion. De la hauteur où elle était située, l'habitation d'Hendrick – construite sur le modèle des *pondokkies*, ces bâtisses locales caractéristiques – recevait la brise de mer. Il s'agissait d'une sensation nouvelle pour notre héroïne qui n'avait jusqu'alors connu que le vent fauve des savanes. Mais certains jours, hélas, le souffle marin transportait des effluves pestilentiels provenant des alentours du port où étaient jetés les immondices des boucheries qui alimentaient les bateaux de la Compagnie hollandaise des Indes orientales. Saartjie découvrit aussi l'accumulation des brouillards où se formaient de terribles ouragans menaçant, à chaque tornade, d'arracher les toits de roseaux qui, à cette époque, recouvraient encore de nombreuses maisons de la ville.

Accaparée par les multiples besognes qui lui incombaient, comme si la garde des enfants d'Hendrick n'était pas déjà assez astreignante, la jeune servante eut, semble-t-il, peu d'occasions de se rendre en ville, malgré la curiosité qu'avaient éveillée en elle l'animation du marché et les édifices bâtis autour de la place d'armes, un grand espace entouré d'arbres où les gens aimaient prendre le frais. Mais elle y avait aussi subi les quolibets que lui avait attirés son extravagante silhouette, de la part des marins et des esclaves malais ou malgaches que l'on croisait dans les larges rues. Elle se sentait finalement mieux traitée, et même protégée, derrière les clôtures de la propriété. Subissant, à son insu, l'aliénation – dans tous les sens du mot – qui la soumettait aux deux pièges grâce auxquels les colons s'assuraient, mieux qu'avec des chaînes, la soumission de leurs serviteurs : le tabac et l'alcool. Levaillant a très bien décrit ce processus démoniaque dont il a été le témoin direct :

> De ce moment, plus de liberté, plus de fierté, plus de nature, plus d'hommes. Ces malheureux sauvages, alléchés par ces deux appâts, une pipe de tabac ou un verre d'eau-de-vie, s'éloignent le moins qu'ils peuvent de la source qui les leur offre.

Ainsi la colonisation des corps et des esprits achevait-elle celle des territoires. La méthode appliquée par les Boers, au moins pour ce qui concerne l'alcool, avait déjà fait ses preuves auprès des Indiens d'Amérique. En Afrique australe, « l'eau de feu » s'appelait le *sopi* : un alcool de vin blanc infusé avec de l'absinthe et de l'aloès. Redoutable mixture, d'autant que le jus des vignes sud-africaines – provenant des plants du midi de la France, apportés par les protestants de Lunel et de Frontignan – était plutôt corsé. Il n'en fallait guère pour dériver de l'euphorie à l'ivresse.

Saartjie s'y adonnait avec volupté. L'alcool la libérait à la fois du poids de son corps et des affres de l'humiliation. Dans ces moments d'oubli, elle retrouvait les plaisirs de la danse, et jouait de la goura dont elle tirait des sons plutôt gais que rythmait le tam-tam d'un grand diable noir dont le nom n'est pas parvenu jusqu'à nous. Ils s'aimèrent pendant deux ans. Sans se marier. Coupée de sa tribu, la jeune femme s'était affranchie des coutumes de son peuple. Ainsi qu'elle le raconta plus tard, elle eut un enfant qui mourut très précocement dans des circonstances inconnues. Drame tristement banal à une époque où les nourrissons disparaissaient plus souvent qu'ils ne survivaient. Dans le monde entier, l'angoisse des mères ignorait alors nos mots savants de « méningite » ou de « toxicose ». Au fin fond de l'Afrique, la mort du bébé ne pouvait, selon les croyances de Saartjie, qu'être due à la volonté de quelque ancêtre qui, pour être apaisé, avait exigé l'intervention de puissances obscures afin que l'enfant disparaisse. Message indéchiffrable pour le commun des mortels, et dont le sens n'aurait pu être lu que par un sorcier, dans le mouvement des nuages, dans le sang d'un animal, ou dans le vol des oiseaux. Impuissante, la pauvre mère n'avait pu que se résigner et murmurer, pour elle-même, la complainte des survivants que psalmodiaient les pleureuses Hottentotes : « Je suis restée pour la peine. Je suis restée pour le désespoir qui attise ma douleur. »

Au printemps de 1810, trois ans après son arrivée au Cap, sa vie allait être à nouveau bouleversée. Pour la seconde fois, Hendrick Caezar incarnait l'intervention implacable du destin. Avec une obstination longuement préméditée par ce diable d'homme. Malgré les progrès qu'elle avait accomplis dans la pratique du dialecte hollandais, la négresse ne comprit certainement pas du premier coup les propositions qu'il lui fit. Il s'agissait pour elle d'accepter de suivre Caezar dans un pays lointain pour y faire fortune. Si l'on y songe bien, le fait même d'être l'objet d'une offre dut paraître extraordinaire à Saartjie. Souvenons-nous qu'elle n'avait pas vraiment eu la possibilité de donner son avis lorsqu'elle avait déjà dû suivre Peter pour effectuer le long trajet qui l'avait conduite jusqu'au Cap, chez Hendrick.

Or, à en juger par les précautions qu'avait prises son maître pour évoquer ce nouveau départ, il devait être question d'un projet beaucoup plus important. De fait, son patron se fit plus précis. Il fallait cette fois prendre le bateau et voguer pendant plusieurs lunes jusque dans un royaume où il n'y aurait que des Blancs qui la couvriraient d'or pour la voir, elle, Saartjie. Et dont elle reviendrait, riche et donc libre. Et que devrait-elle faire pour mériter cela ? Simplement se montrer, danser, jouer de la goura.

Une nuit s'écoula encore avant qu'Hendrick ne revînt à la charge avec ces projets fous qui envahissaient les pensées de la pauvre fille, jusqu'à la priver de sommeil. Elle avait évidemment compris que si cette proposition lui avait été faite, à elle, et non à une autre servante de la maison, c'était à cause de son corps dont les formes s'étaient encore épaissies après la naissance de l'enfant. Elle avait donc dû réagir au projet de Caezar en objectant qu'elle n'aimait pas la façon dont les gens l'avaient regardée, en se moquant d'elle, quand elle était allée en ville. Mais le maître l'avait probablement rassurée en lui affirmant que dans le pays où il allait l'emmener, les Blancs étaient tout à fait différents puisqu'ils paieraient pour l'admirer.

Bref, elle finit par accepter. On peut imaginer ce qui la décida : l'appât du gain, de la liberté, l'espoir d'accéder à une nouvelle condition, la volonté de ne pas devenir ce que l'on appelait parmi les siens un *chien du vent*, quelqu'un qui n'a aucun but dans l'existence. Et puis, l'eau-de-vie qu'Hendrick avait dû lui prodiguer avait sans doute achevé de la convaincre. Il se peut aussi qu'elle ait vu, ce jour-là, un magnifique arc-en-ciel s'épanouissant sur l'océan : un signe que les gens de sa tribu interprétaient comme un heureux présage.

II

La Vénus de Piccadilly

On peut supposer qu'un certain malaise ait pu s'emparer de Saartjie après qu'elle eut accepté les propositions d'Hendrick Caezar. Comment aurait-elle pu comprendre la nature réelle du projet dans lequel elle s'était engagée ? Mais peut-être, à l'inverse, avait-elle eu peur d'en avoir trop bien saisi le sens. Ainsi partagée entre l'espoir de pouvoir changer d'existence et la crainte d'un avenir incertain, la jeune négresse avait dû être profondément troublée. S'isolant dans le silence, elle évita d'éventuels bavardages avec ses sœurs, en recourant à la sagesse des vieux préceptes que lui avait appris sa tante, la vieille Dikai : « La mouche n'attend rien d'une autre mouche. »

Mais avait-cllc vraiment le choix ? La cause n'était-elle pas entendue, soumise à la seule volonté d'Hendrick ? Peut-être aussi Saartjie, habituée depuis longtemps à lire dans le regard des autres, a-t-elle eu à nouveau l'impression d'être différente. Non plus, cette fois, à cause de ses particularités physiques – ses gros seins, ses énormes fesses, son

« tablier » – mais en vertu d'une autre dimension, impalpable, que lui conférait le fait d'être associée aux affaires d'Hendrick Caezar. Elle, la misérable servante, était devenue, de fait, ce qu'on pourrait appeler une « partenaire ». Même les enfants du Boer, qui l'accaparaient de plus belle, devaient la considérer d'un autre œil. D'ailleurs, c'est toute la famille Caezar qui avait dû changer de comportement à son égard. Du coup, Saartjie avait pu éprouver la sensation, étourdissante, d'être reconnue comme une vraie personne, mais aussi d'être entraînée dans une aventure qui la transporterait au-delà de sa vraie nature. Il lui fut sans doute impossible de résister à cet orgueil qui la consolait de l'écrasante insignifiance qui avait jusqu'alors marqué sa pauvre vie. Telle est, du moins, l'explication plausible de ses incohérences futures.

Seules ses croyances pouvaient lui apporter quelque secours dans ses réflexions solitaires. N'est-ce pas là le rôle des divinités originaires ? Dans les moments d'accablante anxiété, c'est encore Quamata, le dieu créateur, qui vient à bout de « ces pensées qui viennent du ventre », comme disent les Africains :

> Fâché contre les hommes qui lui avaient désobéi en enterrant sa femme, ce dieu avait décidé de monter au ciel en utilisant les fils tissés par l'araignée. Une fois arrivé dans sa demeure céleste, et avant d'en refermer l'entrée, il avait crevé les yeux de l'araignée afin qu'elle ne puisse jamais montrer aux hommes le chemin qu'il avait pris.

Saartjie en était au même point, incapable de reconstituer la trame de cet invraisemblable voyage, quasi mythique, dont lui avait parlé Hendrick, et dont le but devait lui paraître tout aussi inaccessible. Et pour cause. Les préparatifs du départ étaient d'autant plus énigmatiques qu'elle n'y participait pas. Véritable spoliation du rêve qu'on lui avait mis en tête. Alors qu'un ami d'Hendrick, Alexander Dunlop, y prenait, lui, une part très active.

Ce curieux personnage, un Anglais, plutôt antipathique, chirurgien de marine, venait assez souvent passer une soirée à la ferme pour y bavarder, pendant des heures, avec Caezar, en fumant bon nombre de pipes. Depuis quelque temps, ses visites étaient quasi quotidiennes, et les conciliabules de plus en plus chuchotés.

Ce que Saartjie ignorait, c'est que Dunlop était l'instigateur direct du projet la concernant. En décembre 1803, alors qu'il était embarqué sur un vaisseau de Sa Majesté britannique, le chirurgien avait effectué un séjour à Londres où il avait assisté à l'exhibition de trois Hottentots – un homme et deux femmes – présentés à la curiosité d'un public aristocratique qui avait trouvé là motif à quelques réflexions relevant du plus pur snobisme londonien.

Sir Joseph Farington, peintre attitré de la cour d'Angleterre, relate en ces termes les impressions que lui inspira le spectacle de ces trois Hottentots « vêtus à l'anglaise » et qui, à l'évidence, avaient beaucoup moins d'importance, aux yeux de cet incorrigible courtisan, que les nobles personnalités qu'il avait rencontrées en ces lieux :

> Il y avait là lord Darmouth, lord Blagdon, lady Banks et sir Joseph... L'une des femmes hottentotes s'exprima devant nous dans sa propre langue d'une façon assez singulière. Mais ses manières, comme celles de ses congénères, étaient aussi décentes qu'auraient pu l'être celles de paysans de notre pays.

Comme on peut le constater, nulle raillerie dans ces propos. Juste l'inévitable touche de condescendance qui sied à un gentilhomme dont le flegme n'est guère ébranlé par le spectacle de trois Hottentots.

Il est peu probable qu'Alexander Dunlop ait pris part à cette visite en même temps que sir Joseph Farington. Mais, contrairement à ce dernier, il avait été fortement impressionné par ce spectacle. Aussi avait-il cherché à analyser le comportement de la gentry britannique face à l'exhibition de ces nègres. Cette réflexion avait fait germer une idée dans son esprit aventurier.

Naviguant sur l'océan, lors de son retour en Afrique du Sud, Dunlop s'était dit que si les Anglais s'intéressaient aux Hottentots, au point de payer pour pouvoir les contempler, il y avait mieux à faire pour exciter leur curiosité. D'abord, quelle idée saugrenue que d'avoir habillé ces sauvages comme s'il s'agissait de simples petits bourgeois du Kent ! Lui savait comment il aurait fallu les présenter : presque nus, dans leur tenue du *bush*. Surtout les femmes. Et choisir, parmi ces dernières, les plus grotesques, pourvues des attributs exceptionnels, en particulier de cette croupe colossale qui caractérisait certaines d'entre elles, propres à faire fantasmer les péquins. Car ce n'était pas aux regards éternellement blasés des aristocrates qu'il fallait montrer les Hottentots, mais au public des quartiers populaires et des faubourgs. Autrement dit, ce qui aurait le plus de succès, c'est un vrai spectacle exotique, avec mise en scène, musique et tralala.

Dunlop savait où trouver le genre de personnage répondant à son ambitieux projet : « La négresse au gros cul, chez Caezar ! » Sitôt débarqué au Cap, il rendit visite à son ami Hendrick. Ce dernier, d'abord sceptique, s'était fait tirer l'oreille. Mais Dunlop connaissait les bons arguments : « Tu peux gagner de l'or avec cette fille ! De quoi t'acheter des centaines de vaches. »

Les mois passèrent. Le Boer avait fini par se laisser embobiner. On connaît la suite. La proposition faite à Saartjie. Celle-ci devenant inconsciemment le pivot d'une entreprise follement hasardeuse. En effet, Hendrick s'était laissé éblouir par le discours du chirurgien. Mais le projet se limitait à une seule « artiste » flanquée de deux « imprésarios » inexpérimentés, ne disposant comme matériel que d'une goura (l'instrument de musique de Saartjie), d'un tam-tam et d'une malle bourrée de quelques hardes.

Au vu des mouvements maritimes prévisibles, le départ fut finalement programmé pour la fin du mois de mai 1810. Un navire anglais de la Compagnie des Indes orientales – il s'agissait apparemment de *L'Exeter* – devait, vers cette date, faire directement voile vers la Grande-Bretagne. Destination, Southampton. Ce choix dut paraître plus pratique aux deux hommes que celui du *Held Voltemade*, un bateau de la Compagnie néerlandaise, sur lequel le passage eût été un peu moins coûteux, mais dont la destination finale était le port hollandais de Flessingue.

Alexander Dunlop, mieux informé des démarches administratives imposées par un tel voyage, alerta Caezar sur le fait qu'il lui fallait obtenir un passeport pour lui-même et pour Saartjie. En effet, sous la pression des missionnaires anglais, mobilisés contre les violences dont les Noirs étaient victimes de la part des colons hollandais, les autorités britanniques avaient décidé, en 1809, de protéger les indigènes en les plaçant sous la tutelle légale du roi d'Angleterre.

Flanqué de Saartjie, Hendrick Caezar dut donc se rendre dans les bureaux du gouverneur anglais du Cap, lord Caledon, pour y obtenir le fameux passeport. Il fallut, à cette fin, doter la jeune femme d'un patronyme improvisé. Ce fut « *Baartman* », c'est-à-dire, en hollandais, « Barbu ». Ainsi notre héroïne devint-elle, au regard de l'état civil, Saartjie Baartman – Sarah Barbu –, par référence, peut-être, au système pileux qu'arborait le Boer, assez fat pour projeter de la sorte sa propre image sur l'identité toute neuve de la jeune négresse.

Lord Caledon signa les passeports des deux

voyageurs, apparemment sans trop se poser de questions, ce qui, nous le verrons, lui sera ultérieurement reproché. Toujours est-il que, le 24 mai 1810, le trio insolite composé de Saartjie Baartman, Hendrick Caezar et Alexander Dunlop, embarquait à bord de *L'Exeter*. Ce brick massif à trois mâts jaugeait deux cents tonneaux. Dans ses flancs bombés, les cales étaient bourrées de marchandises exotiques qui provenaient de Ceylan, de Java, de Sumatra, et qui avaient été transbordées au Cap à destination de l'Angleterre. Il ne restait dans le navire que peu de place pour les quelques passagers logés sous le pont principal, dans des espaces cloisonnés, mais largement ouverts sur la coursive centrale. Au soir du 24 mai, tandis que l'équipage s'affairait à la manœuvre, les voyageurs, appuyés au bastingage, s'abandonnaient à l'émotion mélancolique des grands départs. *L'Exeter* appareillait.

Si l'on se réfère aux récits des longs voyages qui, à cette époque, s'apparentaient à de véritables aventures, on devine aisément que Saartjie dut vivre ses premières semaines en mer comme un cauchemar éveillé. Plus déséquilibrée que quiconque par les mouvements du voilier, nauséeuse, elle dut hésiter longtemps à s'extirper de ce coin d'entrepont où étaient aménagées les couchettes et où l'avaient installée les deux acolytes, sous l'œil hostile des voisins que cette promiscuité n'enchantait probablement guère. Pendant plusieurs jours, l'Africaine s'est sans doute confinée dans son réduit, incommodée par le roulis, les craquements de la coque, les odeurs de goudron. Et quand, enfin, elle dut consentir à monter s'aérer sur le pont, ce fut, à n'en pas douter, pour se heurter à la moue dégoûtée des autres passagers et aux mimiques narquoises auxquelles se livraient les matelots sur son passage.

Pourtant, peu à peu, il fallut bien que les uns et les autres s'habituent à cette coexistence. On se plaît à imaginer que Saartjie, quand la mer était plus calme, aimait s'installer, bien calée sur son fessier, à l'arrière du navire, contemplant, rêveuse, l'immensité de l'océan et le vol des goélands dans le sillage du bateau. Quels bouleversements dans la vie de la jeune Noire, depuis ses premières années dans la brousse ! Mais elle n'avait certainement pas pour autant oublié les croyances dont elle avait hérité, se demandant si, en fait, elle ne voguait pas vers Bakuba, ce lointain pays imaginé par les Bochimans, et que personne n'avait jamais atteint. Bientôt, la succession des jours et des nuits, s'opérant dans cet univers sans repères, dut s'effacer de son esprit. Il y avait là de quoi perdre les notions du temps et de l'espace. Peut-être même Saartjie acquit-elle secrètement la certitude que ce voyage était une épreuve imposée par ses ancêtres pour la conduire jusqu'à eux.

Mais après plus de trois semaines de mer, le navire connut une certaine effervescence. Les passagers, rassemblés sur le pont avant, guettaient l'apparition à l'horizon de la première terre abordée depuis le départ du Cap : Sainte-Hélène ! Seule escale sur un parcours de plusieurs mois. Le trois-mâts y accosta pour y embarquer des vivres, de l'eau potable, et quelques employés britanniques de la Compagnie anglaise des Indes orientales, manifestement heureux de rentrer en Angleterre. Personne, dans l'île, ni à bord de *L'Exeter*, ne pouvait alors imaginer que, cinq ans plus tard, ce caillou volcanique, perdu dans l'Atlantique, serait le point final de l'épopée napoléonienne.

De fait, en ces jours de la mi-juin 1810, alors que *L'Exeter* abordait l'île de Sainte-Hélène, l'Empereur, en pleine gloire, s'apprêtait à annexer la Hollande afin de l'intégrer au sévère dispositif du « Blocus continental » qui interdisait tout mouvement de navires entre l'Angleterre et les autres ports d'Europe. Dans l'ignorance totale de ces événements, Caezar et Dunlop auraient été très surpris d'apprendre que s'ils avaient décidé d'embarquer à bord du navire hollandais – le *Held Voltemade* – plutôt que sur *L'Exeter*, ils n'auraient probablement jamais pu parvenir jusqu'en Angleterre. Le sort de Saartjie en eût sans doute été bouleversé.

Et Saartjie elle-même ? Avait-elle seulement la moindre notion de ce que pouvait être le destin ? Ballottée par les mouvements de ce bateau qui l'emmenait vers une terre dont elle ignorait tout, soumise aux projets de deux hommes aux intentions fumeuses, essayait-elle d'imaginer son avenir ? Oui, assurément. En effet, comme elle le démontrera bientôt, elle se souvenait parfaitement des promesses qui lui avaient été faites, d'autant plus mémorables que Caezar et Dunlop avaient su les enjoliver pour mieux la convaincre, lui faisant miroiter la signature d'un contrat, d'une durée de six ans, en vertu duquel elle percevrait sa part des recettes que rapporteraient ses spectacles, et qui lui garantirait son voyage de retour. Bref, un salmigondis d'assurances verbales. C'était là sa seule certitude, qui lui laissait espérer l'argent, le luxe, la liberté. Elle y croira jusqu'au bout, aveuglément, avec acharnement.

Deux semaines après l'escale de Sainte-Hélène, le voilier franchissait l'Équateur. Dunlop entreprit de déballer un gros paquet qui, sous l'effet de la chaleur, dégageait une odeur fétide dont se plaignaient ses voisins de dortoir. Il s'agissait d'une peau de girafe, fraîchement tannée, que le chirurgien espérait pouvoir vendre très cher à quelque amateur anglais. Mesurant plusieurs pieds de long, cette dépouille était trop encombrante, et trop nauséabonde pour pouvoir être déployée dans l'entrepont. Dunlop obtint du capitaine l'autorisation d'étendre son odorant trophée à l'arrière du navire. Étrange bannière que cette forme animale au long cou, dont les pattes et la tête claquaient au vent du large comme un emblème dérisoire. Saartjie aurait pu y voir le signe de la déchéance que les Blancs infligeaient à la vie sauvage africaine. Qu'adviendrait-il de sa propre peau ? Nous le saurons plus tard.

L'atmosphère du bord s'alourdissait au fil des jours. Les passagers, s'enfermant dans une sorte de léthargie permanente, n'accordaient plus à Saartjie que des regards indifférents. Elle-même devenait de plus en plus morose, au point qu'Hendrick prit l'habitude, comme avant leur départ du Cap, de lui verser, le soir venu, quelques rasades d'eau-de-vie qui semblaient apaiser la jeune femme.

La monotonie quotidienne fut rompue par l'équipage le jour où quelques marins, accrochés au bastingage, harponnèrent une raie manta qui nageait près de la surface de la mer, en serrant le flanc du navire. La lutte fut commentée avec ardeur par le public penché par-dessus bord, tandis que les requins dépeçaient l'animal qui se débattait dans un flot de sang. Les matelots tentèrent vainement de haler l'énorme raie jusque sur le pont. Mais elle finit par échapper aux gaffes qui étaient accrochées dans sa chair, et disparut dans un bouillonnement sanglant où les assauts des requins se mêlaient au sillage du bateau.

Passagers et marins se dispersèrent en silence. À l'excitation provoquée par la perspective de pouvoir s'emparer du monstre, succédait l'horreur d'avoir vu la bête déchiquetée par les terribles requins. Ambiguïté du spectacle. Sauf pour l'acteur principal, la manta, condamnée à être mangée, quels qu'aient été les vainqueurs.

Saartjie était-elle femme à s'apitoyer sur le sort de la bête ? N'oublions pas qu'elle avait appris – comme le voulait l'usage parmi les siens – à « ne pleurer que d'un œil, comme les singes », afin de ne pas se laisser abuser par une émotion excessive. Elle a pu néanmoins éprouver un malaise, persuadée que la mort dramatique de l'animal risquait d'attirer la malédiction sur les témoins de son supplice.

Mais le voyage replongea dans sa désolante

banalité. Aucune tempête ne vint troubler la routine quotidienne. La manœuvre des voiles, effectuée par les gabiers dans les hauteurs de la mâture, avait cessé d'impressionner les passagers. Nul vaisseau français ne venait menacer *L'Exeter*. Seule l'apparition des côtes d'Angleterre pouvait désormais calmer l'impatience générale.

Saartjie, elle, s'était depuis longtemps résignée à subir le déroulement illimité du temps. Elle était sans doute la seule à bord à ignorer la date prévisible de l'arrivée à destination. Aussi dut-elle croire, quand la vigie signala, à l'horizon, le profil des îles Flores et Corves, au large des Açores, que le voyage touchait à sa fin. Nouvelle illusion. Le navire laissa disparaître ces terres désertes, loin sur bâbord. Il faut dire que le capitaine, soucieux d'éviter de mauvaises rencontres avec des vaisseaux de guerre de Napoléon, avait choisi une route très écartée à l'ouest, à plusieurs miles des côtes d'Espagne.

C'est seulement au soir du 3 septembre que fut annoncée l'approche tant attendue du rivage de Cornouailles. Mais on apprit bientôt qu'une cinquantaine de navires étaient mouillés là, toutes voiles carguées, à l'entrée du *Channel*, dans l'attente de vents favorables. Finalement, c'est à l'aube du 8 septembre que *L'Exeter* se glissa entre l'île de Wight et la côte pour pénétrer dans le port de Southampton après quatorze semaines de traversée : trois mois et demi de voyage depuis le départ du Cap !

À ces temps interminables succéda un tourbillon d'événements dans lequel Caezar et Dunlop entraînèrent Saartjie, toujours aussi passive. Sitôt débarqué, le trio fut happé avec ses bagages par un des nombreux coches qui assuraient la liaison entre Southampton et Londres. Encore de durs moments pour Saartjie. Gênée par son large fessier et ses jambes trop courtes, elle rebondissait au rythme des cahots sur l'étroite banquette qui faisait face au siège de ses deux compagnons, se cognant aux bagages qui n'avaient pu trouver place sur le toit de ce véhicule infernal. Rien de ce que la jeune femme avait tenté d'imaginer avant son départ du Cap ne laissait prévoir de telles épreuves. Enfin, le 10 septembre, les trois voyageurs étaient largués en plein cœur de Soho, en quête d'un gîte. L'aventure londonienne de Saartjie Baartman allait commencer.

Étant Anglais et instigateur de cette folle entreprise, Dunlop s'attribua d'autorité le rôle d'organisateur. Sachant que les spectacles londoniens étaient concentrés autour de Piccadilly Circus, le chirurgien-imprésario décida que Saartjie se produirait dans l'une des salles de ce quartier. Pour des raisons de proximité et d'économies, il fixa le lieu de « résidence » dans un meublé à Saint-Gilles, le territoire des Irlandais de Londres. Situé à deux pas des riches immeubles d'Oxford Street et de Piccadilly, ce quartier était néanmoins l'un des plus pauvres de la capitale. Voici la description qu'en donnait, à l'époque, un voyageur français :

> Vous passez sans transition de la plus flamboyante opulence à la plus infâme misère. Ruelles défoncées,

creusées de mares d'eau où grouillent des enfants déguenillés, où de grandes filles à la chevelure éparse, pieds et jambes nues, un mauvais haillon à peine croisé sur la poitrine, vous regardent d'un œil hagard et farouche.

Dès le lendemain de leur installation, Dunlop, vêtu de son plus beau costume, commença à fureter du côté des salles de spectacles de Piccadilly. Mais il lui fallut plusieurs jours pour accéder au bureau de quelques directeurs d'établissements auxquels il proposa son « Hottentote ». Se heurtant au scepticisme de ses interlocuteurs, il décida de poursuivre sa prospection en compagnie de la jeune négresse qu'il trimballait comme l'aurait fait un montreur d'ours. Saartjie, engoncée dans l'une des robes qu'elle avait portées sur le bateau pendant la traversée, esquissait quelques pas de danse en remuant son gros derrière, s'appliquait à jouer un air sur sa goura, saluait le patron de salle qui, invariablement, hochait la tête en guise de refus.

Alexander Dunlop, sérieusement dépité, se mit à douter des chances de succès de sa mirobolante idée. Il commença à échafauder les projets les plus scabreux qui lui permettraient de tirer son épingle du jeu. Fort opportunément, un directeur de salle lui conseilla de rendre visite à William Bullock, un homme d'affaires réputé, propriétaire d'un « cabinet de curiosités » – le Liverpool Museum, sorte de musée de l'étrange, alors très à la mode – dans lequel il organisait parfois des spectacles insolites.

Prudemment, Dunlop prit rendez-vous avec cet

homme influent auquel il proposa d'abord la peau de girafe qui avait fini de se tanner au soleil de l'Atlantique, à bord de *L'Exeter*. Bullock marchanda, mais finit par acheter la peau. Encouragé par ce premier succès, le chirurgien lui parla de Saartjie. La discussion dut être assez âpre et plutôt confuse. En fin de compte, Dunlop offrit à son interlocuteur de lui vendre ses propres parts sur les prodigieuses recettes qu'allait, selon lui, rapporter le spectacle de la jeune Hottentote. Bullock fit la sourde oreille. Ce professionnel, spécialiste des exhibitions les plus bizarres, n'hésitera pas, quelques mois plus tard, à braver le gouvernement britannique en exposant publiquement le crâne d'Oliver Cromwell, *Lord protecteur* de l'éphémère république d'Angleterre, et qui fut l'ennemi juré de la Couronne. En revanche, Bullock ne croyait pas à l'intérêt que pouvait présenter la négresse aux yeux du public londonien. Il repoussa l'offre.

Découragé par ce nouvel échec, Dunlop fut désormais convaincu de l'absurdité du projet qu'il avait lui-même inspiré. Mais, avant tout soucieux de sauver son argent, il se retourna vers son associé Hendrick Caezar et lui fit la même proposition qu'à Bullock : « Je te revends mes parts de l'affaire ! »

Or, étrangement, le Boer se laissa convaincre, sans trop de réticences, et se retrouva seul maître de cette entreprise pourtant bien mal engagée.

Apparemment plus astucieux que son ex-partenaire, Hendrick avait sa propre idée sur la façon de réaliser le projet de Dunlop : il commença par louer une salle sur la grande artère de Piccadilly.

Puis il acheta un espace publicitaire dans le quotidien *The Morning Post* qui devait paraître le jeudi 20 septembre 1810 avec cette annonce :

> La Vénus Hottentote vient juste d'arriver. Elle peut être vue entre 1 h et 5 h de l'après-midi au n° 225 de Piccadilly. Elle vient des rives de la rivière « Gamtoos », aux frontières de la Cafrerie, à l'intérieur de l'Afrique du Sud. C'est l'un des plus parfaits spécimens de ce peuple. Grâce à cet extraordinaire phénomène de la nature, le public aura l'occasion de juger à quel point elle dépasse toutes les descriptions des historiens concernant cette tribu de l'espèce humaine. Elle est vêtue des habits de son pays et des ornements habituellement portés par son peuple. Elle a été vue par les principaux gens de Lettres de cette ville. Tous ont été fortement surpris par la vue d'un si merveilleux spécimen de la race humaine. Elle a été amenée dans ce pays par Hendrick Caezar, et leur séjour sera bref, à partir de lundi prochain 24 septembre, au tarif de deux shillings par personne.

En publiant cette annonce, Hendrick Caezar signe ce que l'on pourrait appeler l'acte de naissance de la « Vénus Hottentote ». Il le rédige en des termes qui révèlent, de la part de leur auteur, un véritable trait de génie. En effet, cette appellation est très habile : elle évoque le symbole absolu de la beauté – la déesse Vénus – associé à une personne précise – l'Hottentote des rives du Gamtoos – qui induit une connotation exotique. Le texte nous apprend aussi que cette « Vénus » est un « extraordinaire phénomène de la nature ». Mais il ne la présente absolument pas comme un être disgracieux. Aucune allusion à ses formes monstrueuses. Au contraire, il en appelle aux témoignages, totalement usurpés, d'historiens et de gens de Lettres, pour affirmer qu'elle est « un merveilleux spécimen de la race humaine ». En somme, Hendrick rejette délibérément la méthode de Dunlop. Pas question de présenter Saartjie comme une grotesque artiste noire qui se dandine en balançant son gros derrière et en jouant d'un instrument bizarre. Ce qui est proposé au public, c'est tout simplement de venir admirer un être exceptionnel dont la seule présence constitue un spectacle rare, qui ne sera présenté que pendant quelques jours, à un tarif dérisoire qui n'est destiné qu'à couvrir les frais du voyage.

L'intelligence du propos cache une extrême perfidie. Elle suggère que la « Vénus Hottentote » est, aux yeux de son peuple barbare, une sorte de reine de beauté. Dès lors, quelle surprise pour les spectateurs londoniens quand ils découvriront une femme qui, au regard des critères européens, leur apparaîtra comme un phénomène grotesque ! Le voici le subtil ressort de la méthode Caezar : convaincre les médiocres blancs-becs de Piccadilly de la supériorité de leur race, afin qu'ils se sentent grandis à leurs propres yeux ! Au prix de quel mépris à l'encontre de Saartjie Baartman, protagoniste de cette farce ! En est-elle la victime, ou la complice ? La suite des événements, comme on le verra, laisse planer un doute sur la nature réelle de ses sentiments concernant cette affaire.

Toujours est-il que la Vénus connaît immédiatement un succès fou. En quelques jours elle est célèbre dans toute la ville de Londres. On se presse pour la voir à Piccadilly. Au point qu'il faudra faire appel à la force publique pour contenir la foule de ses admirateurs. Des chansons humoristiques sont composées à sa gloire. Les plaisanteries relatives à son postérieur pimentent les conversations dans les salons et dans les dîners. La presse s'empare de son personnage pour brocarder l'actualité politique. En effet, la coalition – conduite par Thomas Pelham – qui gouverne alors le royaume déborde tellement sur sa gauche et sur sa droite qu'on la désigne sous le terme de *« Broad bottom Ministry »* (« Le ministère aux larges fesses »). Sans oublier les innombrables caricatures et autres dessins satiriques inspirés par la silhouette de la Vénus.

Grâce aux vertus du bouche à oreille, l'Hottentote attire de plus en plus de curieux, sans même qu'il soit nécessaire de relancer l'affluence des spectateurs par des annonces publicitaires. Hendrick Caezar jubile en comptant ses recettes, se réjouissant de la désertion de Dunlop qui a fait de lui l'unique bénéficiaire de cette affaire en or.

Mais soudain, une première fausse note vient troubler la bonne humeur du Boer. Une lettre de protestation est publiée au courrier des lecteurs du *Morning Chronicle*, en date du 12 octobre 1810. Sous une signature anonyme – « Un Anglais » –, ce quidam se plaint notamment du caractère dégradant du spectacle de la Vénus qu'il juge « immoral et illégal » :

> Comment se fait-il, alors que l'esclavage a récemment été aboli en Grande-Bretagne, que le malheur de cette pauvre femme puisse être exploité par son gardien ?

Trop sûr de lui, Caezar commet alors une lourde erreur : il décide de se justifier dans une longue réponse qui sera publiée sans délai par le *Morning Chronicle* :

> Monsieur, Ayant lu votre lettre contenant une attaque contre le spectacle d'une femme Hottentote et m'accusant de cruauté et de mauvais traitements envers elle, je me sens appelé à réfuter ces allégations. Tout d'abord [...], cette Hottentote est aussi libre que tout citoyen anglais. Cette femme fut ma servante au Cap, et non mon esclave. Elle ne peut l'être moins en Angleterre où chacun respire l'air de la liberté. Elle a été conduite ici librement, et elle consent à se donner en spectacle pour l'intérêt conjugué de nos deux familles. Cela ne peut susciter la moindre désapprobation de la part du public. Elle pourra elle-même expliquer, à toute personne capable de la comprendre, qu'elle a toujours été bien traitée, non seulement avec humanité, mais aussi avec la plus grande tendresse.

Ce texte d'Hendrick Caezar, à l'évidence, manque d'humilité. Aussi, loin d'apaiser les critiques, il va susciter une véritable vague de protestations. Certaines d'entre elles réclament plus de détails sur les conditions dans lesquelles la Vénus a été soustraite à sa famille. D'autres suggèrent que les œuvres de charité – alors très actives en Angleterre – doivent intervenir en faveur de l'Hottentote.

Caezar sent le danger, il se crispe, reprend la plume pour riposter. Puis, comprenant son erreur, adopte un profil bas. Choisissant la dérobade, il croit finalement astucieux d'annoncer, dans une lettre publiée dans le *Morning Chronicle* du 23 octobre, qu'il ne présentera plus lui-même le spectacle :

> Puisque ma façon de procéder semble avoir offensé le public, je ne prendrai plus part personnellement au spectacle. Mais j'aimerais comprendre pourquoi la « Vénus Hottentote » n'a pas autant le droit de s'exhiber que M. Lambert, le géant irlandais !

Détruisant ce que la première phrase pouvait avoir de conciliant, la suite de la lettre remet le feu aux poudres et relance la polémique dans les pages du *Morning Chronicle*. Un lecteur qui signe « Humanitas » répond très sévèrement aux arguments de Caezar, mettant le doigt sur le vrai problème posé par le spectacle de la Vénus :

> Certes, elle a personnellement le droit de s'exhiber. En revanche, il n'existe aucun droit permettant d'être exhibé par quelqu'un d'autre. Ainsi le géant irlandais et le nain polonais furent à la fois les maîtres et les organisateurs de leur propre spectacle. Et ils ont joui eux-mêmes des profits que leur rapportaient ces exhibitions. Par contre, le public peut-il croire sérieusement que l'Hottentote perçoit personnellement le moindre sou [farthing], provenant de son spectacle ? Non ! Après avoir été traînée avec la plus grande barbarie, comme Achille traînant le cadavre d'Hector sous les murs de Troie, cette misérable femme sera ramenée au Cap, non seulement sans s'être enrichie

grâce à la curiosité des Européens, mais plus pauvre encore qu'en quittant son sol natal.

Aussi emphatique soit-elle, cette lettre comporte des arguments d'une logique irréfutable qui acculent Caezar dans ses derniers retranchements. Mais voici qu'une autre attaque, encore plus redoutable, se trame contre le Boer : non plus dans la presse, cette fois, mais devant la justice. En effet, trois membres éminents d'une organisation humanitaire – l'Institution africaine – décident de porter plainte. Ces trois hommes se nomment Zachary Macauley, Thomas Gisborne Babington et Peter Van Wageninge.

L'Institution africaine s'était auparavant distinguée, au sein du mouvement abolitionniste britannique qui avait ardemment combattu l'esclavage. Elle avait été créée à la fin du XVIIIe siècle dans le dessein de rapatrier en Afrique, dans la Sierra Leone, les esclaves qui avaient été déportés en Nouvelle-Écosse, sur la côte Est du Canada. Secrétaire de cette organisation, Macauley avait été l'un des premiers gouverneurs de Freetown, capitale de la Sierra Leone. C'est dire l'importance de ce personnage.

Macauley s'était personnellement rendu au spectacle de la Vénus Hottentote afin d'observer les faits. Il avait, à cette occasion, interrogé Hendrick Caezar qui lui avait affirmé que le gouverneur du Cap, lord Caledon, lui avait officiellement accordé l'autorisation écrite d'emmener Saartjie Baartman en Angleterre. Mensonge funeste ! Caezar fut inca-

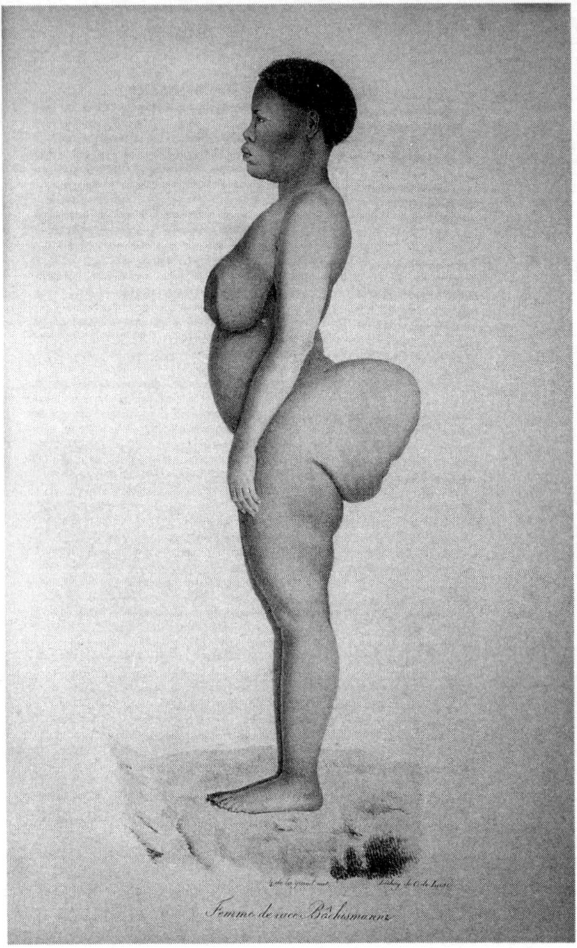

Femme de race Bôchismanne

pable de présenter ce document sur lequel Macauley aurait facilement authentifié la signature du gouverneur qui était l'un de ses amis.
Plus tard, dans une lettre datée du 1er mars 1811, lord Caledon niera avoir eu le moindre rôle dans cette histoire. Allant même jusqu'à déclarer que la « femme Hottentote » n'avait jamais fait l'objet d'une demande d'autorisation lui permettant de quitter la colonie.

Dès lors, on l'aura compris, les affaires d'Hendrick ne se présentent pas sous les meilleurs auspices. D'autant que des témoignages accablants s'accumulent concernant les conditions dans lesquelles se déroule le spectacle dont la Vénus est la vedette. Un reportage publié dans le très sérieux *Times*, daté du 26 novembre 1810, en fait une description édifiante. En voici les extraits les plus significatifs :

> Une scène est dressée à trois pieds au-dessus du sol. L'Hottentote s'y tient dans une cage, montrée comme une bête sauvage. Son gardien lui ordonne d'avancer, de reculer, d'aller et venir dans la cage, plutôt comme un ours enchaîné que sous l'aspect d'un être humain... Elle pousse de profonds soupirs, paraissant anxieuse et mal à l'aise, de plus en plus renfrognée quand on lui demande de jouer d'un instrument de musique rudimentaire... Une fois, elle refusa de quitter sa cage. On vit alors le gardien lever sur elle une main menaçante... Elle est couverte d'un vêtement de la même couleur que sa chair, très serré, de manière à mouler les formes de son corps. Et les spectateurs sont invités à examiner ses particularités anatomiques.

D'après un témoignage ultérieurement rapporté dans ses mémoires par une comédienne, Chares Matthews, certaines personnes acceptaient de toucher les fesses de l'Hottentote pour vérifier s'il ne s'agissait pas d'un rembourrage. Un spectateur ayant poussé l'outrage jusqu'à lui pincer le postérieur. Un autre l'avait piquée du bout de sa canne. Et une femme avait utilisé la pointe de son ombrelle pour s'assurer « que tout était nature ».

De même Thomas Babington et Peter Van Wageninge – tous deux membres de l'Institution africaine, associés à la plainte déposée par Zacchary Macaulay – déclareront sous serment que, le 15 octobre 1810, assistant au spectacle de la Vénus, ils ont vu Hendrick Caezar menacer la pauvre femme avec un bâton parce qu'elle n'obéissait pas à ses ordres.

Autant de comportements apparaissant aussi indécents qu'inhumains dans l'Angleterre du roi George III. Tels sont les faits qui vont être jugés par la Cour royale de justice qui se réunit le samedi 24 novembre 1810.

Cette cour est présidée par lord Ellenborough, assisté d'un autre magistrat, Mr. Le Blanc, curieusement prénommé Justice. La défense de Saartjie Baartman est assurée par l'attorney général qui, dans les comptes rendus du procès, n'est désigné que par sa fonction. Caezar, lui, a pour avocat Mr. Gasalee.

Le tribunal avait auparavant procédé à l'examen

de diverses dépositions : celle des plaignants (Macauley, Babington, Van Vageninge). Mais aussi celle de William Bullock, l'homme d'affaires qui avait fait l'objet des propositions d'Alexander Dunlop. Ce dernier, ayant manifestement disparu, ne sera pas entendu par les magistrats. On peut le regretter, car son témoignage aurait évidemment apporté un contrepoint essentiel aux déclarations d'Hendrick Caezar.

À la suite d'arguties juridiques opposant la défense et l'accusation, le président Ellenborough déclare que la cour pourra éventuellement rendre sa liberté à Saartjie Baartman. En revanche, il n'est pas du ressort de la justice de confier autoritairement la jeune femme à la tutelle de l'Institution africaine qui propose de la prendre en charge et de la rapatrier au Cap. Seule Saartjie, estime la cour, est en droit de faire volontairement ce choix. En conséquence, le président décide de convoquer l'Hottentote pour qu'elle puisse clairement s'exprimer et choisir elle-même son destin.

Il s'agit là d'un épisode capital dans l'histoire de Saartjie Baartman. Sa déposition devant la Cour royale de justice constitue l'unique document fiable dans lequel notre héroïne s'exprime personnellement sur des événements très importants de sa vie. Avant de recueillir son témoignage, il fallut résoudre quelques problèmes de procédure. D'abord choisir des interlocuteurs impartiaux capables de l'interroger. Deux greffiers, S. Solly et Geo Moonjen, parlant correctement le bas-néerlandais (langue dans laquelle pouvait s'exprimer Saartjie), sont désignés pour mener à bien l'interrogatoire fixé au 28 novembre 1810.

L'audience durera trois heures durant lesquelles cette femme – que l'on disait « primitive » – répondra posément aux questions de ces hommes, sans se laisser impressionner par leur perruque et leur long manteau rouge à col d'hermine. Voici les points essentiels de sa déposition, tels qu'ils ressortent de la traduction qu'en ont donnée les greffiers :

Saartjie commence par confirmer que sa mère est morte alors qu'elle-même était âgée de deux ans. À cette époque, son père était déjà mort, tué par des Bochimans, au cours d'un de ses voyages au Cap. Elle a perdu son propre enfant qu'elle a eu, au Cap, avec un joueur de tambour dont elle a partagé la vie pendant près de deux années.

Répondant ensuite aux questions concernant son arrivée au Cap, Saartjie insiste sur le fait qu'elle fut tout à fait consentante lorsque son premier patron, Peter Caezar, lui a demandé d'entrer au service d'Hendrick, comme bonne d'enfants. C'est tout aussi volontairement qu'elle a accepté de se rendre en Angleterre, pour une durée de six ans, contre la promesse qu'elle percevrait la moitié des sommes que rapporteraient ses exhibitions. Alexander Dunlop lui avait même précisé qu'il prendrait à ses frais le voyage du retour.

Elle affirme aussi – contrairement aux déclarations ultérieures de lord Caledon – qu'elle s'est bien rendue personnellement au palais du gouverneur du Cap, en compagnie d'Hendrick Caezar, pour demander l'autorisation de se rendre en Angleterre.

C'est avec la même sérénité, assez déconcertante, que Saartjie répond aux questions touchant aux conditions dans lesquelles s'effectue son séjour à Londres :

– Est-elle bien traitée par Hendrick Caezar ?

– Très gentiment. Elle est très satisfaite de sa situation actuelle et n'a aucune plainte à exprimer contre son maître. D'ailleurs, personne n'a jamais exercé sur elle la moindre violence. Elle a deux domestiques noirs pour la servir, et souhaite simplement qu'Hendrick lui donne les vêtements plus chauds qu'il lui a promis.

– Souhaite-t-elle retourner dans son pays ?

– Absolument pas. Elle veut au contraire rester en Angleterre parce qu'elle aime bien ce pays. Elle est sur le point de recevoir la moitié de l'argent qui doit lui revenir, l'autre moitié devant lui être remise ultérieurement par M. Dunlop.

Ce dernier point est fondamental. Il éclaire vraisemblablement l'une des motivations essentielles du comportement de Saartjie. C'est la perspective de gagner de l'argent, seul moyen d'accéder à la liberté, qui l'a poussée à se lancer dans cette aventure. Or, voilà très exactement six mois qu'elle a quitté le Cap à bord de *L'Exeter*. Depuis ce moment, jour après jour, elle a subi sans jamais se plaindre toutes les péripéties de sa folle épopée. Et elle n'a pas encore touché un sou ! Comment, si près du but, pourrait-elle accepter d'abandonner ses plus intimes espérances pour retourner dans son pays ?

Rien de surprenant, donc, à ce que l'interrogatoire s'achève dans le flou le plus total concernant la suite que Saartjie entend donner à son spectacle. Sur ce point, les greffiers n'obtiendront que des réponses confuses. Ils ne sauront donc pas si elle a l'intention de poursuivre ou d'arrêter ses exhibitions. Mais on peut penser que Saartjie, elle, est fermement décidée à continuer de s'exhiber, jusqu'à ce qu'elle ait perçu le prix de son malheur.

Voici aussi pourquoi Saartjie communique à la cour un document inattendu : le fameux contrat que lui aurait fait signer, un mois auparavant, Alexandre Dunlop – alors domicilié à Saint-James, Middlesex – devant un notaire londonien nommé Arend-Jacob Guitard. Hélas, cet acte notarié suscite plus de questions qu'il n'apporte de réponses. En effet, il est daté du 29 octobre 1810. Or, à cette date – plus d'un mois après le début du spectacle de la Vénus (inauguré à Piccadilly le 24 septembre) –, Dunlop, comme on l'a vu, avait renoncé à ses parts de l'affaire qu'il avait revendues à Hendrick Caezar, après les avoir proposées à William Bullock. Pourquoi, diable, aurait-il conclu ce contrat, alors qu'il n'était plus impliqué dans la gestion du spectacle ? Et comment ce contrat aurait-il pu délibérément court-circuiter Hendrick dont le nom n'apparaît pas dans le document ?

Plus surprenant encore : ce contrat comporte une « clause complémentaire » – introduite à la demande expresse de Dunlop – par laquelle maître

Guitard certifie qu'il a traduit ce document de l'anglais au hollandais et qu'il l'a lu deux fois, « à haute et intelligible voix » à Saartjie Baartman. Cette dernière, constate le notaire, « a compris l'intégralité du contenu et s'est déclarée satisfaite ».

Ces révélations, faisant suite aux propos lénifiants de Saartjie concernant ses rapports avec les organisateurs du spectacle, ébranlent évidemment les magistrats. Peut-être y a-t-il eu erreur dans la transcription de la date du contrat. Peut-être ce document est-il frauduleusement antidaté. Peut-être aussi Dunlop, alerté par les premières polémiques publiées dans la presse, a-t-il habilement manœuvré pour ne pas être inquiété par la justice. Précaution finalement superflue. Il est évident, à l'issue de la déposition de Saartjie, que la jeune femme se dit pleinement satisfaite de son sort, qu'elle n'a nullement l'intention de rentrer dans son pays et, encore moins, de recourir à la protection de l'Institution africaine. C'est du moins ce qu'elle affirme face aux juges. Lesquels ne semblent pas s'être interrogés sur les pressions, voire les menaces, que Saartjie a pu subir, de la part d'Hendrick, pour la contraindre à ce discours.

Alors, qui ment ? Les nombreux spectateurs qui prétendent avoir été témoins de la détresse de Saartjie et des mauvais traitements dont elle aurait fait l'objet ? Ou Saartjie elle-même ? Et, si oui, dans quel dessein ? Pour échapper aux représailles de Caezar ? Ou, par cupidité, afin de percevoir l'argent qui ne lui a pas encore été versé ? Mais il existe une troisième hypothèse qui, d'ailleurs, ne contredit pas les autres : il se peut – comme on l'a vu lorsque Saartjie, au Cap, a accepté la proposition d'Hendrick – qu'elle ait alors ressenti un tel orgueil d'être associée à ce projet, une telle fierté d'être enfin considérée comme une vraie personne, qu'il lui est apparu indigne d'elle-même de rompre son engagement, de renoncer à vivre son aventure jusqu'au bout, et de rentrer dans son pays sous la protection humiliante de la charité publique.

Enfin, on ne peut faire l'économie d'une dernière explication – la plus pessimiste et, sans doute, la moins vraisemblable – en se demandant si Saartjie Baartman, mue par quelque pulsion masochiste, ne s'est pas totalement aliénée à la domination qu'elle subit. Au point d'avoir adopté pour elle-même, par contagion, les ressorts pervers – convoitise et vanité – qui animent ses maîtres. Vaine cupidité ! Elle n'a certainement jamais perçu le moindre shilling sur l'argent que lui promettait l'improbable contrat.

La cour, elle, s'en tient aux paroles de Saartjie, sans chercher à en comprendre les raisons. Proclamant son jugement, le jour même, le président Ellenborough décide de classer l'affaire. Non sans lancer un avertissement aux promoteurs du spectacle de la « Vénus Hottentote » :

> Si quelque exposition indécente de cette étrangère devait se reproduire, ceux qui en ont la charge doivent savoir que la loi pointerait un doigt vengeur sur les délinquants.

La presse unanime rend hommage à la sagesse de la cour. Le *Morning Post* ne manque pas de faire remarquer, en des termes assez maladroits, qu'il fallait « mettre au crédit de l'Angleterre le fait que même une Hottentote peut y trouver des amis pour défendre ses intérêts ». Plus noblement, le *Political Periscope* résume le consensus en déclarant :

> Ce procès fait honneur à l'esprit libéral et humanitaire de notre époque, ainsi qu'aux sentiments individuels qui l'ont inspiré.

L'Angleterre peut, à juste titre, se donner bonne conscience. Sa justice a tenté de protéger Saartjie contre ses exploiteurs. Mais elle ne peut la protéger contre sa propre volonté. Caezar, lui, comprend que l'avertissement sans frais qui lui est adressé par la cour n'est pas une vaine menace. Subissant en outre l'hostilité de la presse et de l'opinion publique, il sait qu'il s'exposerait à de graves ennuis en continuant d'exhiber sa Vénus dans la capitale. Aussi va-t-il tenter d'organiser une tournée en province.

On sait peu de choses sur cette période d'errance qui, à partir de 1811, conduira la petite troupe vers le nord de l'Angleterre, en passant probablement par l'Essex, le Suffolk, les Midlands... À la fin de cette même année, ils sont à Manchester. C'est ce que prouve un document, aujourd'hui conservé aux archives du musée de l'Homme, à Paris. Il s'agit de l'acte de baptême de Saartjie, délivré par le révérend Joshua Brooks, chapelain de l'église collégiale et paroissiale du Christ, à Manchester. En voici la traduction :

> 1er décembre 1811. Sarah Baartman, femme Hottentote de la colonie du cap de Bonne-Espérance, née aux limites de la Cafrerie, a été baptisée ce jour avec l'autorisation écrite de l'évêque de Chester.

Pourquoi ce baptême ? Il est peu probable que Saartjie, soudain visitée par la grâce divine, se soit convertie au christianisme. On peut plutôt penser qu'Hendrick a vu dans ce baptême le moyen de doter son Hottentote d'une attestation d'état civil, doublée d'un certificat d'honorabilité. Ce qui pouvait se révéler utile lors des pérégrinations hasardeuses qui les conduisirent vraisemblablement au Pays de Galles, et même en Irlande. Ces vagabondages se poursuivirent jusqu'en 1814. Leur piste se perd dans l'indifférence qui a suivi le retentissement du procès. Oubliées les trompettes de la renommée ! La Vénus n'est plus qu'une curiosité pour villageois. Finie l'époque où, dans la capitale, les chanteurs des rues débitaient, au son des orgues de Barbarie, « La Ballade de la Dame Hottentote » :

> Êtes-vous allés à Londres
> Visiter les curiosités de la ville ?
> On peut y voir la plus célèbre des femmes,
> À Piccadilly elle réside
> Dans une splendide maison
> Sur laquelle on peut lire ces mots
> Écrits en lettres d'or :
> « La Vénus Hottentote. »

Et si vous demandez pourquoi elle vit là
Et ce qui fait sa gloire,
On vous dira qu'elle a des fesses
Aussi larges qu'un chaudron.
Voilà pourquoi les Messieurs
Se bousculent pour voir
L'admirable Hottentote...

III

Gloire parisienne

Les dernières années que Saartjie Baartman – désormais prénommée Sarah – vécut en Angleterre sont aussi brumeuses que les paysages des Midlands où l'on perd sa trace de 1811 à 1814. Aucune chronique ne s'est fait l'écho d'un incident ou d'un exploit qui aurait marqué l'une de ses exhibitions. Ce silence, après tant de renommée, laisse supposer qu'à cette époque, Hendrick Caezar et sa Vénus menaient une existence très médiocre.

Il est vrai que les temps n'étaient pas à la fête du côté de Manchester, de Liverpool ou de Sheffield. Relatant sa visite en ces lieux, un ingénieur français, Charles Besnier, est bouleversé par le dénuement des filles d'ouvriers qu'il a aperçues du côté de Salford :

> Les pauvrettes faisaient mal à voir, vêtues de loques, de haillons immondes, un sale mouchoir noué autour de la tête. Les unes allaient nu-pieds, d'autres portaient des chaussures éculées, défoncées, ramassées

dans la rue, souvent dépareillées, ayant quelquefois primitivement servi pour des pieds d'hommes. Quelle misère écœurante, grand Dieu ! Se peut-il que dans un pays en apparence si riche, il y ait des gens à ce point déshérités !

La révolution industrielle subissait là-bas ses premiers revers, précipitant dans les rues les nouveaux prolétaires qui hurlaient leur détresse dans les émeutes de 1811 et de 1812. La rogne des mineurs et des ouvriers tisserands du Lancashire ne les disposait guère à s'amuser du spectacle d'une négresse asservie.

Fuyant les villes agitées et enfumées du Nord, Hendrick et Sarah durent reprendre leur trimard en direction des comtés du Sud – Hampshire, Sussex, Kent – réputés plus cléments. Nouveaux déboires. Ces provinces rustiques étaient alors elles aussi perturbées. Les petits paysans y subissaient une guerre d'usure qui les opposait à l'expansion de la bourgeoisie triomphante. Les grands propriétaires ne cessaient d'agrandir leurs domaines aux dépens des agriculteurs les plus modestes. Appauvris ou dépossédés de leurs terres, les fermiers étaient peu enclins à faire l'aumône aux saltimbanques.

Las de parcourir en vain les campagnes, le Boer vagabond entraîna la Vénus vers les ports de la côte : Weymouth, Bournemouth, Portsmouth, Hastings... C'est là que dut naître, dans l'esprit d'Hendrick Caezar, l'idée d'une relance de leur aventure alors moribonde : la traversée de la Manche. L'Histoire, la grande Histoire, ne leur montrait-elle pas le chemin ? Napoléon, vaincu par les alliés, venait d'abdiquer et de quitter Fontainebleau pour l'île d'Elbe. L'Angleterre tout entière célébrait la victoire. En France, le 3 mai 1814, le roi Louis XVIII était remonté sur son trône. C'est dans cette euphorie triomphale que Caezar décide du nouveau destin de l'Hottentote. Elle ira conquérir Paris !

Mais le projet se heurte encore à trop d'incertitudes. Manque d'argent pour rénover la pauvre garde-robe, littéralement en loques. De même pour payer la traversée en bateau et le voyage qui s'ensuivra. Sans oublier l'ignorance de la langue française. Autant d'obstacles difficilement surmontables. Mais Caezar croit ardemment à sa nouvelle idée. Faute de pouvoir la réaliser lui-même, il la vendra. Et Sarah avec.

Comment croire qu'une telle transaction ait pu s'effectuer ailleurs que dans l'un de ces *« pubs »* à matelots qui drainent le chaland dans les rues tortueuses du vieux port, à Folkestone ou à Douvres ? C'est là – pourquoi pas ? – qu'Hendrick Caezar, après force pipes et pintes de bière, a pu convaincre un certain Henry Taylor de lui racheter la totalité de ses droits sur les spectacles auxquels se livrerait la Vénus sur le sol français.

Ce qui est sûr, c'est que le marché fut conclu. Et que, au cours de la première semaine de septembre, Sarah Baartman et Henry Taylor sont bel et bien installés à Paris. Pour preuve cette lettre que Taylor adresse, le 10 septembre 1814, au

Pr André Thouin, administrateur du Muséum d'histoire naturelle de Paris :

> Monsieur, l'original du portrait ci-joint (portrait gravé), qui vient des bords de la rivière Gambdos, en Afrique méridionale, se trouve dans ce moment à Paris et doit être soumis à l'inspection du public. Le naturaliste trouvera dans la conformation singulière de cette tribu d'Hottentots un phénomène intéressant. Avant d'ouvrir la salle au public, je propose d'avoir une exposition particulière et serai très flatté de l'honneur de votre présence en cette occasion, mardi le 13 courant, rue Neuve-des-Petits-Champs n° 15, entre midi et six heures. J'ai l'honneur d'être, Monsieur, votre dévoué serviteur.
>
> Henry Taylor.

Cette lettre est riche d'enseignements. Sa rédaction semble porter la marque d'Hendrick Caezar. Au point qu'on la croirait écrite de la main même du Boer, comme si Caezar et Taylor n'étaient qu'un seul et même homme. Mais cette hypothèse paraît peu vraisemblable, pour les raisons déjà évoquées : le manque d'argent et la méconnaissance de la langue française laissaient à Caezar peu de chances de venir s'installer aussi vite à Paris. Tout laisse supposer qu'il a utilisé le produit de la vente de la Vénus pour payer son voyage de retour au Cap. Mais sans doute avait-il confié à Taylor une sorte de « mode d'emploi » de l'Hottentote, ne serait-ce qu'un exemplaire, passablement froissé, du texte qu'il avait fait paraître, quatre ans plus tôt, dans le *Morning Post*, pour annoncer l'arrivée de la Vénus à Londres.

D'ailleurs, on ne peut qu'être frappé par les similitudes entre les deux documents : la référence aux bords de la rivière « Gamtoos » (devenue « Gambdos », dans la lettre de Taylor), et l'insistance sur « le phénomène intéressant » qu'incarne la Vénus en tant que spécimen du peuple Hottentot. Mais surtout, on retrouve chez les deux « imprésarios » le même souci de légitimer l'exhibition de la Vénus en se réclamant du témoignage d'autorités compétentes : « historiens et gens de Lettres », comme les appelait Caezar. Mais alors que ce dernier usurpait ces témoignages – qu'il n'avait jamais obtenus –, Taylor, lui, prend soin d'inviter les sommités scientifiques du Muséum à venir examiner Sarah en avant-première. Et cela avec l'évidente intention de citer cette savante « expertise » dans la publicité du spectacle. Tactique probablement suggérée par Caezar qui aurait bien voulu bénéficier lui-même d'une telle caution.

À quels motifs subtils ce plan obéissait-il ? Quel intérêt Caezar, puis Taylor, auraient-ils eu à recueillir l'avis de quelques savants sur le « phénomène » qu'ils exhibaient aux regards du public ? Comme nous le verrons plus tard, et de façon plus détaillée, l'Europe était alors fortement influencée par les récits des grands voyageurs qui – dans le sillage de l'Anglais Cook et des Français la Pérouse et Bougainville – avaient exploré les terres inconnues du bout du monde. Ces grands découvreurs avaient rapporté des récits merveilleux, ainsi que de fabuleux spécimens d'animaux et de plantes. Mais aussi quelques rares individus originaires d'Afrique, des Amériques ou d'Océanie, preuves vivantes de leurs exploits.

Déjà, en 1769, Bougainville avait ramené en France un Tahitien nommé « Aotourou » dont les pérégrinations dans les rues de Paris avaient provoqué des attroupements de curieux. Exotisme de pacotille, soit ! Mais ce débarquement de nègres emplumés, de bêtes chimériques, de couleurs offensives, de parfums extrêmes... Tout cela avait ravivé l'imaginaire des vieux peuples européens. Certes, l'illusion avait ses limites. Les plus rêveurs n'allaient pas jusqu'à croire que les vieux chênes de la forêt de Vincennes s'étaient soudain mués en cocotiers. Mais on voulait essayer de comprendre, d'en savoir plus. Savants et philosophes se mirent à l'ouvrage, bravant les océans, interrogeant les grands voyageurs, collectionnant et répertoriant des plantes exubérantes et de stupéfiants animaux dont les gravures illustreront les encyclopédies : celle de Chambers en Grande-Bretagne, puis, en France, celle de Diderot et d'Alembert.

On se passionnera pour les comparaisons entre les différentes races humaines : Blancs d'Europe, Jaunes d'Asie, Noirs d'Afrique, Indiens d'Amérique... Non sans céder à la tentation d'établir entre elles des hiérarchies flattant la conviction d'une supériorité de la race blanche. Avec d'autant plus de certitude que cette curiosité scientifique coïncidera avec les élans de la conquête coloniale et le développement de l'esclavage.

Certes, on verra Diderot lancer son appel à la révolte des Hottentots. On lira aussi Rousseau faisant l'apologie du « Bon sauvage » en citant justement l'exemple d'un jeune Hottentot qui renonce aux bienfaits de la civilisation pour revenir à l'état de nature : « véritable jeunesse du monde ». En effet, l'Hottentot est alors présenté comme le modèle idéal – l'archétype – de l'homme primitif : « Un concept utile qui s'est enkysté dans l'imaginaire de l'Occident », comme le définit François-Xavier

Fauvelle. Bref, l'Hottentot est à la mode. D'où l'importance, dans le plan conçu par Caezar, et mis en œuvre par Taylor, de faire reconnaître, par l'autorité scientifique de l'époque, l'authenticité de leur Hottentote.

Pour éviter la confusion des genres, Taylor prend bien soin, dans sa lettre aux professeurs du Muséum, d'éviter toute allusion à la Vénus, d'inspiration résolument mercantile, et qui pourrait choquer les savants. L'argument majeur étant d'avoir joint à son message une image représentant Sarah : « Un portrait gravé », précise-t-il. En fait, il s'agissait probablement d'une estampe découpée dans l'un des journaux londoniens qui avaient publié des représentations de la Vénus à l'époque de sa gloire. L'envoi de cette image avait évidemment pour but d'exciter la curiosité des destinataires. En vain.

Datée du 10 septembre 1814, la lettre de Taylor est bien parvenue à son destinataire, le Pr André Thouin. Lequel en donne lecture, le 14 septembre, lors de la réunion hebdomadaire des professeurs-administrateurs du Muséum. Trop tard pour que la docte assemblée puisse répondre au rendez-vous hâtivement fixé par Taylor au 13 septembre.

Quoi qu'il en soit, l'auguste aréopage ne prête guère attention à l'offre de Taylor. Même Cuvier – le célèbre naturaliste, alors au sommet de sa renommée, et qui jouera plus tard un rôle de premier plan dans le destin de Sarah Baartman –, ce jour-là, a des préoccupations plus urgentes. Au diable l'Hottentote ! Il demande à ses éminents collègues administrateurs d'affecter rapidement quelques ouvriers à la démolition de la cheminée qui encombre le salon de sa maison de fonction sise au Muséum, dans l'enceinte du « Jardin du Roi » connu aujourd'hui sous son appellation républicaine de Jardin des Plantes.

En revanche, Cuvier apprendra avec intérêt que le gouverneur anglais, en partance pour le cap de Bonne-Espérance, viendra, le 28 septembre, visiter le Muséum. L'assemblée des professeurs décide de profiter de cette aubaine pour demander à leur noble invité de leur envoyer, pour la ménagerie, quelques animaux caractéristiques de l'Afrique du Sud. « Peut-être un éléphant », doit se dire Cuvier. Il est en effet soucieux de remplacer son unique pachyderme qui, voici quelque temps, a tué en le foulant aux pieds, un visiteur trop curieux qui s'était introduit dans son écurie.

Balayée par l'importance de tels événements, l'invitation de Taylor ne recueillera aucun écho, et sa lettre sera classée sans suite. L'Anglais renouvelle alors l'expérience qui avait si bien réussi à

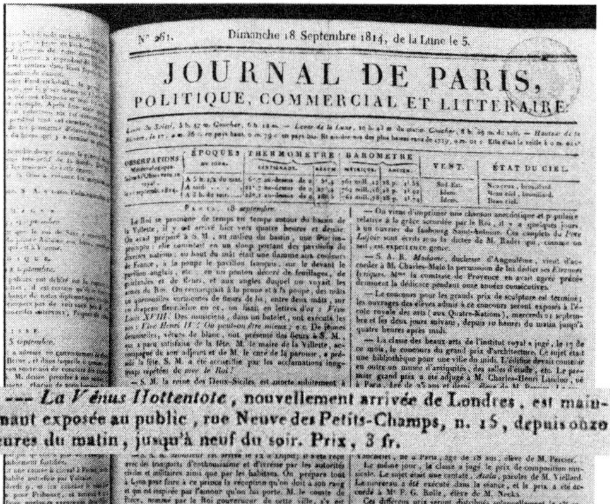

N° 261. Dimanche 18 Septembre 1814, de la Lune le 5.

JOURNAL DE PARIS,
POLITIQUE, COMMERCIAL ET LITTERAIRE.

— *La Vénus Hottentote*, nouvellement arrivée de Londres, est maintenant exposée au public, rue Neuve des Petits-Champs, n. 15, depuis onze heures du matin, jusqu'à neuf du soir. Prix, 3 fr.

« Dix heures de représentation par jour ! »

Hendrick Caezar quand ce dernier avait fait connaître, par l'intermédiaire du *Morning Post*, la présentation de la Vénus aux Londoniens. C'est à ce même procédé que Taylor a recours. Dans *Le Journal de Paris* du dimanche 18 septembre 1814, il fait paraître cette annonce à la rubrique « Spectacles » :

> La Vénus Hottentote, nouvellement arrivée de Londres, est maintenant exposée au public, rue Neuve-des-Petits-Champs n° 15, depuis onze heures du matin, jusqu'à neuf heures du soir. Prix 3 francs.

C'est le même tarif que celui d'une place au spectacle que donne alors au même endroit un certain M. Olivier. Moins cher cependant que l'entrée à la grande fête champêtre de *Tivoli*, rue Saint-Lazare : 3,60 francs. Mais l'on remarquera surtout le travail infernal que Taylor impose à Sarah : dix heures de représentation par jour !

Comme cela avait été le cas à Londres, le succès parisien de la Vénus Hottentote fut apparemment immédiat. Taylor ne jugea pas nécessaire de faire paraître d'autres annonces visant à relancer l'intérêt du public. Le bouche à oreille suffisait. Et l'Anglais n'avait manifestement qu'à se louer de la tournure que prenaient les événements. Or, le voici qui change soudain d'avis. Peut-être estima-t-il s'être suffisamment rempli les poches. Peut-être un incident imprévu a-t-il contrarié ses projets. Toujours est-il que Henry Taylor, comme ce fut précédemment le cas pour Alexander Dunlop et pour Hendrick Caezar, disparut à son tour de la vie de Sarah

Baartman. On ignore les circonstances dans lesquelles s'est effectuée la nouvelle passation des pouvoirs sur la personne de Sarah. Ainsi s'accomplit le destin de cette malheureuse fille. Certaines périodes de sa vie apparaissent en pleine lumière, permettant, par étapes, de suivre son parcours tumultueux. Mais à d'autres moments, sa vie emprunte des tunnels dans lesquels sa piste s'égare, et où s'épaissit son mystère.

Après avoir disparu du n° 15 de la rue Neuve-des-Petits-Champs, c'est au n° 188 de la rue Saint-Honoré que réapparaîtra bientôt la Vénus Hottentote, désormais soumise à la tutelle d'un nouveau maître : un certain Réaux. Un Français, cette fois. Et, si l'on peut dire, un homme du métier, puisqu'il est montreur d'animaux. C'est entre les mains de ce lascar que va se poursuivre la triste aventure de notre héroïne.

Elle est alors âgée de vingt-cinq ans. Que sont devenus les rêves de la jeune métisse qui croyait conquérir la fortune comme clef de sa liberté ? Sarah ne rêve plus. Le fameux « contrat » qui la liait à Dunlop et à Caezar, et auquel elle croyait encore lors de sa comparution devant les juges londoniens, n'était évidemment qu'un leurre. Après s'être effilochés au cours de sa lamentable tournée à travers les crassiers des Midlands et les chemins crotteux du Hampshire, ses derniers espoirs s'étaient envolés sous le vent du *Channel*.

Avec Taylor, avec Réaux, il n'était plus question de contrat, mais de survie. Non que Sarah ait été mal nourrie, car ses maîtres ont toujours soigneusement veillé à ce que, surtout, elle ne maigrisse pas. En effet, ne croyaient-ils pas qu'elle portait leur gagne-pain dans la graisse excessive de ses fesses et de ses hanches ? L'alcool avait fait le reste, dilatant ses chairs, liquéfiant son esprit, délayant sa détresse. Son corps résistait de plus en plus difficilement aux ravages associés de l'eau-de-vie, du froid, des frustrations. C'est à partir de cette époque qu'elle commença à souffrir d'une affection pulmonaire et d'éruptions cutanées.

Les lieux dans lesquels elle s'exhibait et ceux où elle habitait ne lui laissaient guère de chances de préserver sa santé devenue fragile. Réaux lui faisait partager son propre logis, au n° 7 de la Cour des Fontaines qui correspond aujourd'hui à la place de Vallois. Là fonctionnaient jadis les cuisines du Palais-Royal, à proximité des réservoirs d'eau qui alimentaient les fontaines et les jardins du palais. Lieux suintants et grouillants où les rats étaient réputés les mieux nourris de la capitale, après ceux des Halles, leurs proches voisins. C'est aussi autour de cette cour, située à proximité des rues et des places où ils se donnaient en spectacle, que les saltimbanques avaient élu domicile avec leur matériel et leurs animaux savants. C'est donc en toute logique que Réaux habitait là, lui aussi, avec sa Vénus, son ours, ses singes, et la menue vermine – puces, poux, punaises – qui complétait cette compagnie.

Mais c'est, on l'a vu, au n° 188 de la rue Saint-Honoré qu'il offrait l'Hottentote à la curiosité du public. Un endroit bien étrange que cet emplacement où s'élevait autrefois l'église collégiale Saint-Honoré, fermée sous la Révolution et démolie en 1792. Une véritable « Cour des Miracles » avait remplacé ces lieux sacrés. Près du local où s'exhibait alors Sarah Baartman, s'élevait un bordel qui utilisait comme latrines le caveau dans lequel avait été inhumé jadis un certain cardinal Dubois. L'odeur de sainteté y avait cédé la place à d'immondes effluves.

Tout ce quartier interlope, s'étalant du Palais-Royal jusqu'aux Halles, est alors consacré au commerce du plaisir et du spectacle. Haut lieu de la prostitution, les arcades du Palais-Royal voisinent avec les petits hôtels, « meublés et « garnis » dont on peut deviner l'usage. On doit à un auteur de l'époque, Charles Lefeuve, cette description imagée des demoiselles du Palais-Royal :

> Le soir, ces chauves-souris de l'amour avaient l'air d'être chez elles dans le jardin et les galeries. Mais leurs ailes membraneuses de mammifères carnassiers ne faisaient qu'y raser le sol.

La galerie des Bons-Enfants est plus spécialement réservée aux tripots et, à toutes fins utiles, à quelques bureaux de prêts sur gages. Tous les jeux d'argent : roulette, biribi, passe-dix, trente et quarante... sont pratiqués dans les salles enfumées où circulent les filles de joie en robe de bal. Car la danse est particulièrement propice au racolage. Surtout au Pince-Cul, bastringue dont l'enseigne est on ne peut plus éloquente. Le vin et la bière participant à l'ambiance, autant que la musique.

Mais l'établissement le plus fréquenté du quartier est assurément le somptueux café des Mille Colonnes, décoré comme un palais vénitien. Là siège – ou plutôt trône – l'illustre patronne, Mme Romain, alias la « Belle Limonadière », l'impératrice du comptoir. Sa beauté faisait, dit-on, affluer les foules, au point que la circulation était parfois interrompue dans la rue Saint-Honoré, et qu'il fallait des gardes pour régler les entrées et les sorties. Mme Romain n'avait qu'un défaut, secret, une fausse dent qui mordait sa lèvre inférieure chaque fois qu'elle souriait. Mais cela, paraît-il, ajoutait à son charme.

Tel est l'univers hétéroclite et fascinant dans lequel va s'exhiber Sarah Baartman redevenue la « Vénus Hottentote ». Comme elle le fait depuis maintenant quatre années, elle va reprendre ses dandinements en s'accompagnant de son curieux instrument. La concurrence est rude. Outre les spectacles de rue, le cabinet des figures de cire d'un nommé Curtius, les marionnettes de l'Italien Castagna, les ombres chinoises de Séraphin, le public pouvait aussi être tenté par le rhinocéros vivant présenté à deux pas de là, rue de Castiglione, ou par le Caveau du Sauvage, un établissement louche où un nègre se livrait à des danses et à des contorsions spectaculaires. La rumeur prétend même qu'un soir, cet olibrius des tropiques s'était accouplé sur scène avec une femme Noire.

Il n'est pas rare que les Noirs éveillent, dans l'inconscient des Blancs, des fantasmes sexuels inspirés par les qualités corporelles et les capacités érotiques qui leur sont attribuées. Il se pourrait même que le racisme primaire trouve là ses ressorts les plus instinctifs. La Vénus Hottentote n'échappe pas à ce processus. L'étalage public de ses formes débordantes, « de ses coulées de chair flasque, de son impudique élasticité », comme écrira plus tard Edmond de Goncourt, à propos d'une autre négresse, apparaissait aux regards des voyeurs comme autant d'indices d'une sexualité exacerbée, à la mesure de ces énormes seins, de ces fesses colossales et de ce sexe hypertrophié que l'on essayait de deviner sous cette peau de fine étoffe qui moulait le corps de l'Hottentote. Cette sensualité monstrueuse avait quelque chose d'obscène, mais aussi de sacré, qui assaillait le spectateur au tréfonds de lui-même. Celui-ci, troublé par des pulsions contradictoires, fuyait dans le rire et le quolibet.

Émotif et gouailleur, le public parisien a tôt fait de s'enticher de la Vénus Hottentote qui, en quelques semaines, accède à la célébrité. Comme ce fut le cas à Londres, les gazettes s'emparent du personnage. Dans le quartier Saint-Germain, une mercerie de luxe s'ouvre, à l'enseigne de « La Vénus Hottentote ». Mais c'est le théâtre qui consacrera la gloire parisienne de Sarah Baartman.

Dès le 24 octobre 1814, cinq semaines après la première représentation parisienne de notre héroïne à Paris, se joue au Vaudeville *La Vénus Hottentote*, une pièce en un acte de MM. Théaulon de Lambert, Dartois et Brasier. Ils ne sont pas trop de trois pour composer, en un temps record, ce spectacle dont la niaiserie fait la loi du genre. L'intrigue met en scène un jeune homme, Adolphe, qui, las des femmes qui l'entourent, a décidé d'épouser une sauvage :

> Oui, des Françaises désormais je veux fuir le cruel empire. Les haïr fait tout mon espoir.

D'où le sous-titre de la pièce : *Haine aux Françaises.*

L'intérêt de cette comédie provient surtout du fait qu'elle illustre parfaitement l'étonnante notoriété dont jouissait l'Hottentote à cette époque. En voici quelques extraits significatifs. Un jeune noble, le Chevalier, soupirant d'une certaine Amélie, vient d'évoquer la négresse :

> AMÉLIE : *Ce tableau est piquant. Il est bien curieux de voir une femme Hottentote.*
> LE CHEVALIER : *Une femme ! C'est une Vénus, Madame ! Une Vénus qui nous est arrivée d'Angleterre et qui, dans ce moment, fait l'admiration de tous les connaisseurs.*
> AMÉLIE : *Elle est donc bien belle ?*
> LE CHEVALIER : *Oh ! D'une beauté effrayante* ! (Il entonne une chanson, comme le veut la tradition du vaudeville :)
> *« Déjà tout Paris la chante,*
> *cette femme étonnante.*
> *D'abord elle parle peu.*
> *Son chant semble barbaresque.*
> *Sa danse est vive et burlesque.*
> *Sa taille d'un beau contour.*
> *On dit que l'hymen l'engage,*
> *mais cette Vénus, je gage,*

ne fera jamais l'amour. »

AMÉLIE : *On en parle sûrement beaucoup.*

LE CHEVALIER : *Il n'est plus question que d'elle... Elle a de petites chansons hottentotes qui sont si gaies... Toutes nos dames ont déjà commandé pour cet hiver des robes et des douillettes à la Hottentote...*

[L'action se poursuit à travers une série de quiproquos consternants.]

[Scène finale : le Chevalier déroule le portrait de la Vénus Hottentote qu'il montre aux personnages réunis sur la scène. Tout le monde pousse un cri d'effroi.]

TOUS EN CHŒUR :

Quelle singulière aventure !
Quels traits jusqu'alors inconnus !
Avec une telle figure,
On ne peut être une Vénus ! (Rideau)

Ce n'est pas la première fois en France qu'un Noir se trouve placé au centre d'une intrigue théâtrale. La Révolution avait fait monter sur les planches des comédiens interprétant des rôles de nègres. N'oublions pas qu'en 1789, la *Déclaration des droits de l'homme* avait fait naître un grand espoir d'abolition de l'esclavage. Mais l'Assemblée constituante s'était hâtée de préciser que la nouvelle constitution ne s'appliquait pas au gouvernement intérieur des colonies.

Plus tard, en février 1794, la Convention décrétera l'abolition dans un grand élan de fraternité : « Proclamons aujourd'hui la libération de nos nègres ! » Le Directoire – qui succédera à la Convention – ne remettra pas en cause cette décision. Mais, en 1802, Bonaparte, alors premier consul, rétablira l'esclavage et la traite des Noirs pour relancer la main-d'œuvre assurant la prospérité des colons. Il faudra attendre le 29 mars 1815 pour que, au retour de l'île d'Elbe, Napoléon décrète à son tour l'abolition de la traite.

C'est pendant la période de ferveur abolitionniste que les Noirs font leur apparition sur les scènes du théâtre révolutionnaire. À l'époque de la Constituante, de la Convention, puis du Directoire, pendant les dix années qui succèdent à 1789, une vingtaine de pièces mettant en scène des Noirs sont jouées à Paris et en province.

Le thème commun à tous ces spectacles vise à donner une bonne image du Noir. Hélas, cette pureté d'intention tourne souvent à la caricature. Pour montrer que le sauvage est en fait un gentil nègre, on l'infantilise : « Toi bon maître. Moi pas méchant. Moi toujours vouloir servir toi ! » Ainsi est-ce le cas dans la pièce de Bérard et Rosny, *Adonis ou le bon nègre*, présentée en 1798. De même, dans la version théâtrale de *Paul et Virginie*, le Noir Zabi connaît un tel succès qu'on le retrouvera dans l'adaptation scénique de *Manon Lescaut* où Zabi a pour ambition d'épouser une femme blanche. L'invraisemblance du propos ayant évidemment pour effet de déclencher les rires du public. « Voilà, observe Carminella Biondi, en 1984, au cours d'un colloque sur *Le héros Noir dans le théâtre révolutionnaire*, le prix que le Noir a dû payer pour accéder à la scène et se frayer un chemin dans le cœur du public français. »

On est tenté d'appliquer la même formule à la Vénus Hottentote. Voilà une femme tout à fait consciente d'avoir été successivement exploitée par quatre fripouilles qui ont fait commerce de son corps, pourtant jugé disgracieux au regard des canons européens de la beauté féminine. Outre cette humiliation, il lui a fallu endurer les tourments que lui ont infligés les spectateurs londoniens qui ont palpé sa chair et violé sa pudeur. Or, pendant quatre années, Sarah Baartman a subi ces avanies sans prendre le public à témoin des turpitudes dont elle était victime. En Angleterre, c'est avec une fierté déconcertante qu'elle a repoussé la charité des bonnes œuvres. Quel rêve secret lui conférait cette étrange sérénité ? Il émane d'elle un mystère qui perdurera au-delà de sa mort. Et qui, en dépit des causes morbides ou équivoques de son succès, a su conquérir la sympathie du public parisien.

Les fêtards du Palais-Royal ne sont pas ses seuls visiteurs. Se mêlent dans la foule des curieux le petit peuple des faubourgs, les bourgeois du quartier Saint-Germain, les courtisans des Tuileries. Il semble même que Sarah ait parfois été invitée à se produire dans des réceptions organisées par de riches particuliers. Une légende, aujourd'hui colportée en Afrique du Sud, prétend même que c'est lors d'un bal organisé par la comtesse du Barry que le grand naturaliste Cuvier aurait rencontré la Vénus. Impossible ! Chacun sait que la du Barry, favorite de Louis XV, fut guillotinée pendant la Révolution, en 1793, plus de vingt ans avant les

La Vénus Hottentote dans les salons de la duchesse de Berry. Aquarelle de Cœuré, 1830. Coll. part.

faits supposés. L'erreur pourrait provenir d'une confusion de prononciation – à l'anglaise – entre *Barry* et *Berry*. Car on a aussi affirmé que Sarah Baartman avait exercé ses talents au cours d'une fête donnée par la duchesse de Berry. Autre invraisemblance ! En effet, ce titre n'a été porté, à l'époque, que par la célèbre Marie-Caroline de Bourbon-Sicile après qu'elle eut épousé le duc Charles de Berry. Or, leur mariage fut célébré en 1816, plusieurs mois après la mort de notre héroïne. Ces bobards ont pourtant leur importance. Ils illustrent l'extraordinaire popularité dont jouissait la Vénus Hottentote, mêlée par la rumeur publique aux échos de la vie mondaine. Ainsi, dans la

« presse du cœur » de l'époque, en l'occurrence *Le Journal des Dames et des Modes*, pouvait-on lire, dans son édition du 12 février 1815, que la Vénus Hottentote avait été la vedette d'une soirée réservée à la haute société parisienne. L'auteur de l'article, anonyme, commence par décrire l'effroi causé par l'arrivée de Sarah dans cette élégante assemblée :

> À sa vue, toutes nos dames, effrayées, se jettent au loin, se pressant, se cachant derrière les rideaux, et ce mouvement qui n'échappe pas à la pauvre Vénus la plonge tout à coup en une profonde rêverie. Sa tête se penche sur sa poitrine, et des larmes tombent de ses yeux.

Manifestement ému, le chroniqueur nous fait ensuite de la jeune femme une description plutôt bienveillante :

> Ses habits se composent d'un juste au corps couleur de chair et d'une petite cotte qui descend à peine aux genoux. Son visage est plat et son nez peu saillant, mais en revanche, elle a des hanches prodigieusement rebondies et saillantes. C'est une Vénus callipyge. Ses pieds sont petits, son teint olivâtre, au total ce n'est pas une Vénus bien tentante, surtout quand on a vu la Vénus de Médicis. Elle saute, elle chante, elle joue du tambour de Basque. On lui donne du bonbon pour l'engager à faire tel ou tel petit tour de sa façon.

Ce récit se poursuit pendant plusieurs pages, perdant toutefois un peu de sa vraisemblance quand l'auteur explique qu'à l'issue de la soirée, il a personnellement reconduit Sarah en fiacre, afin de lui faire raconter son histoire. En effet, le compte rendu de ces confidences contredit les points les plus importants de la déposition officielle de Sarah Baartman, recueillie par les greffiers interprètes lors du procès qui s'était tenu à Londres, en octobre 1810.

Il se peut évidemment que la jeune métisse, cédant à la mélancolie, ait voulu enjoliver son histoire. À moins que le conteur n'ait lui-même prêté à Sarah des paroles propres à émouvoir ses lectrices en la présentant sous les traits d'une sorte de princesse africaine dont voici l'hypothétique confession :

> Mon père était à la tête des chasseurs, et ma mère était celle qui ordonnait les fêtes. Tous briguaient leur alliance et j'étais partout recherchée. Solkar fut de tous celui dont les paroles allèrent le plus dans mon cœur. Entre les vingt présents qui me furent offerts, ce furent les siens seuls que j'acceptais. Notre union fut décidée. Le jour était pris, les tribus étaient rassemblées, les feux étaient allumés sur la montagne. Ce furent ces feux mêmes qui nous trahirent !

Et Sarah de poursuivre en décrivant l'attaque des « Européens barbares », l'héroïque défense des guerriers entraînés par le courageux Solkar :

> Trop faibles en nombre, tous périrent. Et nous, infortunées victimes que la mort ne prit pas, nous fûmes attachées avec des liens étroits, emmenées par les méchants hors de nos forêts chéries, conduites à travers mille outrages, sur des arbres flottants où nous ne vîmes plus que les mers et les nuages.

Ainsi cette épopée aux accents cornéliens – racontée par Sarah dans un langage mêlant « l'anglais, le français, le hollandais et le hottentot » – prétend-elle rendre compte de la capture de la jeune fille et de ses compagnes par les Boers. Mais souvenons-nous que, cinq ans auparavant, devant les magistrats du tribunal de Londres, Sarah avait affirmé que sa mère était morte alors qu'elle était elle-même âgée de deux ans. Et qu'à cette époque, son père – conducteur de troupeaux (et non pas chasseur) – avait déjà été tué par les Bochimans sur la route du Cap. Voici donc que s'effondre la vraisemblance du sublime récit du *Journal des Dames et des Modes*. Mais il serait injuste de tenir rigueur à l'auteur d'avoir imaginé ce joli conte touchant à la jeunesse de Sarah Baartman. Car la morale de son récit révèle, chez cet auteur inconnu, une compassion que peu de gens ont, à cette époque, exprimée à l'égard de la Vénus Hottentote. Voici sa conclusion :

> Je quittais l'étrangère, vraiment touché de ses peines, et n'y voyant point de remède. Qu'on se figure, me disais-je, une jeune Française, en une promenade qu'elle serait allée faire, dans le Midi, sur les bords de la mer, voyant descendre sur la plage des Barbaresques qui l'enlèvent et l'emmènent en un port d'Afrique. De là, elle passe entre les mains d'un Arabe qui lui fait franchir les monts Atlas et la conduit à Tombut, en Négritie, où il la montre aux sauvages comme une Vénus parisienne ! Elle pleure, gémit, appelle en vain son cher pays. Elle doit mourir

loin des doux objets de son affection. Voilà pourtant le sort de la Vénus Hottentote !

Du public populaire à celui des salons mondains, en passant par les spectateurs du vaudeville et par les lecteurs de gazettes, tous les Parisiens connaîtront bientôt la Vénus. Tous, sauf les savants du Muséum d'histoire naturelle qui, pourtant, avaient été les premiers informés de son arrivée dans la capitale. On se souvient que Henry Taylor, le 10 septembre 1814, leur avait proposé, en vain, de venir contempler la Vénus en avant-première. Cinq mois plus tard, ce sont ces distingués personnages qui prennent l'initiative en demandant au sieur Réaux de se rendre au Muséum pour leur présenter l'Hottentote dans ce temple de la Science. En témoigne cette lettre du 16 février 1815, adressée par l'éminent Pr Étienne Geoffroy Saint-Hilaire à M. Boucheseiche, chef de la première direction de la police de Paris :

> Monsieur, nous désirerions profiter de la circonstance que nous offre la présence à Paris d'une femme Bochimane pour donner avec plus de précision qu'on ne l'a fait jusqu'à ce jour, les caractères distinctifs de cette race curieuse. Nous la ferions dessiner et graver. Nous nous sommes pour cela adressés au maître de cette femme présentée au public sous le nom de Vénus Hottentote, mais il a opposé à notre désir les obligations qu'il a contractées à l'égard de votre administration. M. Réaux ayant besoin de votre autorisation pour conduire son hottentote au Jardin du Roi, nous vous prions d'avoir la bonté de la donner.

Plusieurs semaines s'écoulèrent avant que n'aboutisse la démarche entreprise par Geoffroy Saint-Hilaire. Non qu'il y eut négligence de la part du fonctionnaire de police, ni réticence du sieur Réaux à faire traverser la Seine à son Hottentote. Mais c'est le cours de l'Histoire qui fit ajourner le projet.

En effet, le 1er mars 1815, on apprend que Napoléon, exilé à l'île d'Elbe, vient de débarquer à Golfe Juan, ralliant les troupes qui avaient été envoyées pour l'arrêter et soulevant l'enthousiasme des populations sur le parcours triomphal qui le conduit à Paris. Le 20 mars, l'Empereur arrive dans la capitale que Louis XVIII vient de quitter précipitamment.

Finalement, c'est au cours des derniers jours de mars, pendant cette éphémère restauration de l'Empire, que Sarah Baartman sera reçue au Muséum afin d'y être examinée par un cénacle de savants et d'artistes. Elle y passera trois journées. Se pliant complaisamment aux multiples observations des naturalistes. Le plus intéressé d'entre eux n'étant autre que le célèbre Georges Cuvier. Surnommé par Arago le « Napoléon de l'intelligence », il devait beaucoup à l'Empereur qui l'avait couvert de titres honorifiques et qui lui avait confié quantité de missions difficiles touchant à l'organisation des universités. Critiquant le dévouement de Cuvier envers les dispensateurs de prébendes, Stendhal dira de lui qu'il fut « l'adorateur le plus dévoué de ceux que le hasard a chargés de distribuer, au nom de l'État, les pains et les poissons ».

De fait, les engagements politiques du noble Cuvier seront bientôt tributaires de ses ambitions personnelles. Dès la fin des Cent Jours et après l'abdication définitive de Napoléon, il intégrera sans complexes la cour de Louis XVIII.

Mais Cuvier est surtout un grand zoologiste. C'est à ce titre qu'il deviendra l'un des fondateurs de l'anatomie comparée. Et nous verrons plus tard jusqu'où le conduiront ses théories sur l'évolution des espèces animales. En tant qu'anatomiste, Cuvier avait quelques raisons de s'intéresser à la Vénus Hottentote. La description qu'il en fera ultérieurement – en des termes aimables qui n'avaient vraiment rien à voir avec l'observation scientifique – laisse supposer qu'il s'était lui-même mêlé aux curieux qui venaient voir la Vénus, rue Saint-Honoré :

> Son caractère était gai et elle dansait à la manière de son pays en jouant, avec assez d'oreille, de ce petit instrument qu'on appelle guimbarde [...] Ses épaules, son dos, le haut de sa poitrine, avaient de la grâce. La saillie de son ventre n'était pas excessive. Ses bras un peu grêles étaient très bien faits et sa main charmante. Son pied était aussi fort joli...

Bref, on a jusqu'alors l'impression que Cuvier n'est pas insensible au charme de la jeune Noire. Mais soudain, comme s'il se ressaisissait, ses propos retrouvent le ton impitoyable du savant :

> Ses mouvements avaient quelque chose de brusque et de capricieux qui rappelait ceux du singe. Elle avait surtout une manière de faire saillir ses lèvres tout à

fait pareille à ce que nous avons observé dans l'orang-outang.

Il n'est pas exclu que, pour en savoir plus sur l'Hottentote, ce soit Cuvier lui-même qui ait suggéré de la faire venir au Muséum afin de l'examiner de plus près. Quoi qu'il en soit, il fut l'un des observateurs les plus attentifs quand Sarah se livra, dans le jardin botanique du Muséum, aux investigations des savants et aux regards des dessinateurs. « Elle eut alors, écrit Cuvier, la complaisance de se dévoiler et de se laisser peindre d'après le nu. »

Disposant de cette nudité chastement offerte, les savants l'examinent sous tous les angles :

> On put alors [relate Cuvier] vérifier que la protubérance de ses fesses n'était nullement musculeuse, mais que ce devait être une masse de consistance élastique et tremblante sous la peau... Les seins, abandonnés à eux-mêmes, montrèrent leurs grosses masses pendantes, terminées par une aréole noirâtre... Elle n'avait d'autres poils que quelques flocons très courts d'une laine semblable à celle de sa tête, clairsemés sur son pubis. Mais, à cette première inspection, l'on ne s'aperçut point de la particularité la plus remarquable de son organisation : elle tint son tablier soigneusement caché, soit entre ses cuisses, soit plus profondément, et ce n'est qu'après sa mort qu'on a su qu'elle le possédait.

Ah ! Compatirons-nous jamais assez à la frustration du chercheur brimé par la pudeur de ses patients ? Cuvier devra attendre son heure pour

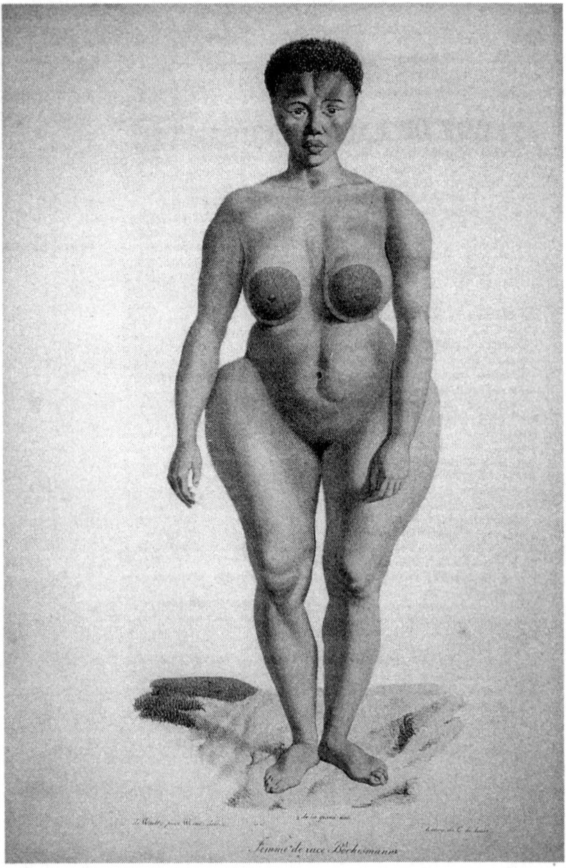

Portrait de la Vénus Hottentote, réalisé par Léon de Wailly au « Jardin du Roi », au printemps 1815.

pouvoir, enfin, observer ce fascinant tablier qui ensorcelle les anatomistes de l'époque. Cette heure, comme on le verra, ne tardera guère. Mais en ces belles journées du printemps 1815, Sarah Baartman est à l'apogée de sa renommée. Après avoir conquis la célébrité, la voici qui accède à la consécration scientifique et artistique. En effet, tandis que les savants prennent ses mensurations et observent son corps, des peintres tracent son portrait : Nicolas Huet, Léon de Wailly, Jean-Baptiste Berré, auxquels s'était joint le physiologiste Pierre Flourens. Tous hommes talentueux pour lesquels l'Hottentote pose avec grâce sous les arbres fleuris du Jardin botanique. Plusieurs aquarelles sur vélin seront réalisées au cours de ces trois journées. Toutes sont d'une extrême délicatesse. Sur le portrait signé de Wailly, Sarah est représentée de face. Sa peau, d'un brun très clair, contraste avec l'immense et sombre aréole de ses seins. Le visage exprime le trouble de la pudeur effarouchée. On peut admettre que cette attitude réservée n'est pas feinte. Car si la jeune Noire est, certes, habituée à s'exhiber en public, c'est toujours couverte d'un voile, aussi léger soit-il. Là, au Jardin du Roi, lorgnée par les chercheurs et par les peintres, elle est absolument nue. D'autant plus sensible à la variété des regards qui se posent sur elle, différents, selon qu'ils émanent de l'artiste ou du savant. Ainsi le vélin peint par Berré fait l'objet, sous la plume d'Honour Huhg, d'une analyse dont les termes, d'une rare finesse, méritent d'être rapportés ici :

> Les portraits de Sarah répondent en France à un souci d'exactitude qui tranche sur les exagérations

des caricaturistes anglais. Berré la présente sous quatre angles différents avec un effet d'éloignement, au cœur d'une page aride, et le peintre a disposé ses figures avec tant de tact et de sensibilité, qu'à suivre leur taille décroissante, le sentiment d'étrangeté dû à l'anomalie physique s'estompe, au moins pour un spectateur moderne, devant l'impression d'une sorte d'errance solitaire.

Comparée à la perspicace humanité, voire à la tendresse des peintres qui ont composé les portraits de Sarah, les observations des savants sont d'une réelle brutalité. On a vu de quelle manière Cuvier assimile, sans nuances, la physionomie de la jeune femme à celle de l'orang-outang. Son collègue Geoffroy Saint-Hilaire ne sera pas moins cruel dans le compte rendu d'observation qu'il rédige à la demande de Réaux. Ce dernier – à l'instar de ses prédécesseurs, Hendrick Caezar et Henry Taylor – a bien compris l'importance que pouvait prendre, aux yeux du public, un rapport scientifique établissant l'exceptionnelle originalité de son Hottentote. Un tel document, signé par un savant prestigieux, devient entre les mains du « maître » de Sarah Baartman une sorte de brevet garantissant l'authenticité des surprenantes caractéristiques de sa « protégée ». Telles sont les raisons pour lesquelles le cupide Réaux, non content d'avoir livré Sarah au public, l'a ensuite livrée à la Science.

Le 1er avril 1815, peu de temps après la visite de l'Hottentote au Jardin du Roi, le chevalier Geoffroy Saint-Hilaire, administrateur et professeur du Muséum d'histoire naturelle, décrit « la femme

Sara » dans un rapport dont le manuscrit est aujourd'hui jalousement conservé au musée de l'Homme de Paris. Comme Cuvier, il commence par décrire la tête de l'Hottentote. Laquelle comporte, selon lui « un commencement de museau encore plus considérable que celui de l'orang-outang rouge qui habite les plus grandes îles de l'océan Indien ». Puis il s'attarde sur « la prodigieuse taille des fesses » qui lui inspire une comparaison hardie entre ce phénomène et celui qui affecte les femelles des singes « maimon » et « mandril » à l'approche de leurs menstruations. « Cette affection, dit-il, occasionne chez elles un développement des fesses en tous points proportionnel à ce que je remarque chez la femme Hottentote de Paris. »

Geoffroy Saint-Hilaire a longtemps été spécialisé dans la tératologie, autrement dit l'étude des monstres. Il s'était lui-même exercé à faire naître des poulets anormaux en manipulant les embryons au cours de leur développement dans l'œuf. C'est manifestement dans cette optique du tératologue qu'il observe l'Hottentote. En insistant, dans son rapport, sur des caractères anatomiques qu'il rapproche de ceux du singe, il donne de la phénoménale Sarah une image délibérément bestiale.

À l'inverse des peintres qui, dans leurs portraits, ont su exprimer toute l'humanité de leur modèle, Geoffroy Saint-Hilaire semble vouloir rejeter la jeune femme dans l'animalité. Cuvier fait de même en parlant de « l'apparence brutale de sa figure » et en la comparant à celle de l'orang-outang. Il serait exagéré de voir dans l'attitude des deux savants une intention perverse. Elle reflète plus simplement l'état de la science de leur époque.

En ce début du XIXe siècle, l'anthropologie subit encore l'héritage de la classification continentale des races inventée en 1758 par Linné : les Blancs européens, les Jaunes asiatiques, les Rouges indiens d'Amérique et les Noirs africains. Sur cette palette simpliste et grossièrement colorée, Linné voit dans tous les Européens – n'en déplaise aux Espagnols, aux Siciliens et à quelques autres Méditerranéens – de grands blonds aux yeux bleus. Il faut dire qu'il est lui-même suédois.

Pour faire bonne mesure, Linné ajoute à son catalogue un cinquième type humain : les monstres (*Homo sapiens monstruous)* – autrement dit les gens affligés de tares congénitales –, les tordus, les bossus, les ganaches – que Linné considère comme indignes d'être classés dans ses quatre catégories géographiques. À en juger par la description de l'Hottentote établie par Geoffroy Saint-Hilaire, c'est dans ce groupe de monstres que Linné aurait sans doute répertorié cette pauvre fille.

Étrange savant que ce Linné. C'est aussi à lui que les humains doivent d'être classés comme « mammifères », alors qu'auparavant les naturalistes se contentaient de ranger l'homme dans la catégorie des « quadrupèdes ». On pourrait penser que c'est en vertu d'un raisonnement scientifique rigoureux que Linné nous a étiquetés en tant que « mammifères ». Pas du tout ! Sa classification est dictée par des considérations purement morales, voire politiques. C'est du moins ce que nous révèlent les travaux récents de Jonathan Marks. Selon cet anthropologue américain, Linné – médecin, mais aussi conseiller du roi de Suède – était violemment hostile à un usage, répandu à l'époque, et qui consistait à mettre les bébés en nourrice. En décrétant que les humains sont des mammifères, Linné voulait montrer que la femme a pour fonction naturelle de nourrir ses propres enfants. Précepte parfaitement légitime.

Mais l'anecdote est révélatrice. Elle montre que la science du Siècle des Lumières et de la première moitié du XIXe pouvait ériger en principes scientifiques des conceptions directement dictées par l'idéologie de l'époque. Il en sera de même du concept de « race », d'origine essentiellement culturelle, et dont la classification hiérarchique aboutira inéluctablement au racisme.

Des savants aussi influents que Cuvier et Geoffroy Saint-Hilaire vont participer – sans doute innocemment – à cette dérive. Ils jouissaient d'une telle autorité que leur description de Sarah Baartman situera pour longtemps les Hottentots au tout dernier degré de l'échelle humaine.

C'est là, étrangement, l'un des effets pernicieux de la Science. Déjà, dans *L'Encyclopédie*, l'Hottentot avait cessé d'être l'archétype du « bon sauvage » de Rousseau. Nous allons voir comment, au XIXe siècle, avec le développement de l'anthropologie, apparaîtra un racisme scientifique qui reléguera le nègre en général, et l'Hottentot en particulier, dans ce que Cuvier appellera une « éternelle infériorité ».

IV

Outrages posthumes

Quelques semaines après que Sarah Baartman eut exposé sa plantureuse nudité aux regards des savants et des peintres, dans le jardin botanique du Muséum, Napoléon honora de sa visite ce haut lieu de la Science. Cela se passait dans l'après-midi du 6 avril 1815. Il ne semble pas que le récent séjour de la Vénus Hottentote dans ces pépinières du savoir fut alors évoqué. Dommage ! Cela eût certainement amusé l'Empereur. Mais l'assemblée des professeurs, conduite par Cuvier et Geoffroy Saint-Hilaire, insista surtout sur la nécessité de construire de nouvelles serres pour les plantes exotiques.

Sa Majesté fit des promesses, comme si son règne était promis à la pérennité. Or les Cent Jours allaient connaître, deux mois plus tard, leur ultime crépuscule. Le déclin définitif surviendra le 18 juin, au soir de Waterloo. Et le 22 juin, Napoléon abdiqua pour la seconde fois, ouvrant la voie au retour de Louis XVIII.

Le souffle de l'Histoire ne chamboulera guère la vie quotidienne dans les rues de Paris. Et la Vénus

Hottentote continuera son spectacle de routine rue Saint-Honoré. Mais sa gloire fléchit, sa santé s'affaiblit, ses espoirs dépérissent. Elle boit. Beaucoup. Du vin, de l'eau-de-vie. Réaux – comme autrefois Caezar – l'aliène par l'alcool, afin de pouvoir l'exploiter à sa guise, tant qu'elle continuera de lui rapporter plus d'argent que ses singes et son ours.

Arrive l'hiver 1815. Rigoureux. Le froid de décembre gèle la capitale. La Seine charrie des glaçons. Le roi libère 320 000 francs sur sa cassette personnelle pour venir en aide aux pauvres. Et *Le Moniteur* chante les louanges du souverain :

> Qui ne serait pénétré d'admiration et d'attendrissement ? Français, voilà votre père. C'est toujours par des privations imposées à lui-même qu'il soulage des maux dont il n'est pas l'auteur.

Ah ! Le bon roi que voilà ! Heureusement, à en juger par son légendaire embonpoint, Louis XVIII ne devait pas s'imposer de trop pénibles « privations ».

Tout autour du palais des Tuileries, Paris grelotte sous la neige. Le climat n'est pas aux distractions. Les exhibitions de la Vénus, comme tous les autres spectacles, sont interrompus. Sarah claque des dents, alitée dans le taudis du n° 7 de la Cour des Fontaines. Envahie par la fièvre et par l'alcool que lui prodigue Réaux en guise de médicament. Vidée de ses dernières forces et de ses vieux rêves. Elle meurt dans la nuit du vendredi 29 décembre 1815. Se souvint-elle alors de la malédiction dont le féticheur, une dizaine d'années auparavant, avait voulu l'exorciser en l'aspergeant de lait ensanglanté ? Le geste du sorcier ne prétendait pas la débarrasser de ce corps déjà encombrant. Il visait plutôt à écarter les périls que la possession de ces chairs superflues risquait d'attirer sur elle. Magie tristement impuissante. Sarah était bel et bien devenue l'esclave de ces formes outrancières qui l'avaient conduite au malheur. La mort elle-même ne l'en libérera pas. Ce qui confère à sa modeste personne la pitoyable grandeur des victimes profanées

Selon le diagnostic établi le lendemain par Cuvier, lors de l'autopsie, Sarah a succombé à une « maladie inflammatoire (sans doute une pneumonie), compliquée d'une maladie éruptive (petite vérole) ». Peut-être même syphilis. Le tout aggravé par l'abus d'alcool auquel elle se livrait depuis plusieurs années.

Dès le lendemain matin, Réaux, avant même de déclarer le décès à la mairie, accourt au Muséum pour annoncer la nouvelle à Geoffroy Saint-Hilaire. Il faut croire que la mort de Sarah Baartman, et la conduite qu'il convenait d'adopter en cette circonstance, avaient déjà été évoquées par les deux hommes. En effet, Geoffroy prend aussitôt sa plume et rédige deux messages. Le premier est dcstiné au maire :

> Je donne, Monsieur et ami, ce mot pour vous à M. Réaux faisant voir au public une femme hottentote connue sous le nom de la Vénus Hottentote, laquelle vient de mourir chez lui. Il va aller à votre municipalité faire la déclaration du décès. Je vous préviens que l'Administration du Muséum d'histoire naturelle

écrit à M. le Préfet de Police pour obtenir de lui que le corps soit porté aux laboratoires d'anatomie de cet établissement et y puisse devenir asile aux progrès des connaissances humaines.

La formule est d'une admirable subtilité. Le cadavre de Sarah n'est pas désigné comme un corps banal. Il devient un « asile » destiné à recevoir la sublime visite de la Science. Le ton employé dans le second message, destiné au préfet de police, est beaucoup moins noble, strictement administratif :

30 décembre 1815.

Monsieur le Préfet,

Une femme du pays des Caffres montrée par le sieur Réaux sous le nom de Vénus Hottentote, vient de mourir, Cour des Fontaines. Cette occasion d'acquérir de nouveaux renseignements sur cette race singulière de l'espèce humaine nous porte à vous prier de permettre que le cadavre de cette femme soit transporté au laboratoire d'anatomie du Muséum d'histoire naturelle. Notre collègue M. Cuvier, qui est chargé au Muséum de l'enseignement de l'anatomie comparée, me prie de vous affirmer qu'il veillera à ce que toutes mesures de décence, réclamée par la circonstance, soient prises exactement dans l'intérêt de l'ordre public.

Le comte Anglès, ministre d'État et préfet de police, a, ce jour-là, d'autres chats à fouetter. Antoine de La Valette, directeur des Postes sous l'Empire et condamné à mort pour conspiration contre le roi Louis XVIII, vient de s'évader de sa prison en revêtant les habits de sa femme. Et cela, à la veille de son exécution. Le scandale enflamme déjà la capitale. On parle d'un complot. La Chambre des Députés va se saisir de l'affaire. Et le comte Anglès qui, depuis l'aube, arpente son bureau en jetant des ordres en tous sens, se soucie du cadavre de l'Hottentote comme de son premier bicorne.

Néanmoins, il prend le temps de dicter une note circonstanciée autorisant le transport du corps de « Sarjee » (*sic*), au Muséum :

> [...] À la charge, 1° de prendre les précautions nécessaires sous le rapport de la décence, 2° de se concerter pour cette opération avec le Commissaire de police du quartier du Palais-Royal qui dressera procès verbal de la remise du corps.

Si le préfet de police délaisse pour quelques minutes l'évasion de La Valette afin de veiller à l'application du règlement concernant le transport des cadavres, c'est parce qu'il n'ignore pas que ses prédécesseurs ont eu quelques ennuis en de semblables circonstances. Des garçons d'amphithéâtres d'anatomie avaient été inculpés pour avoir vendu de la graisse humaine à diverses personnes. En particulier à des émailleurs qui en avaient l'usage dans l'exercice de leur art.

Cette sombre affaire avait délié les langues à propos d'autres pratiques répugnantes ayant cours dans divers laboratoires. À Paris, les policiers n'étaient pas près d'oublier que, le 2 avril 1810, lors du mariage de Napoléon et de Marie-Louise, des carabins avaient fêté l'événement à leur manière : en allumant des lampions qui brûlaient

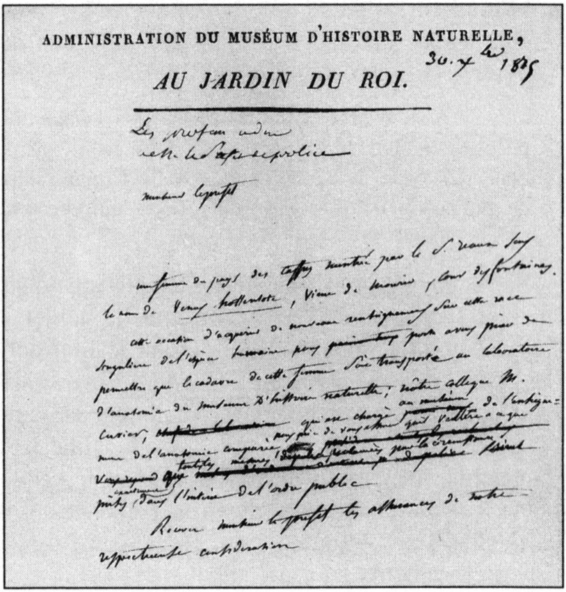
ADMINISTRATION DU MUSÉUM D'HISTOIRE NATURELLE,

AU JARDIN DU ROI.

Lettre de Geoffroy Saint-Hilaire au préfet de police dont la transcription est donnée pp. 138.

de la graisse prélevée sur des cadavres humains. Du coup, une ordonnance du 15 octobre 1813 n'autorisait les dissections qu'en des lieux officiellement habilités : la Faculté de médecine et l'hôpital de la Pitié. Non sans préciser que « les débris des cadavres seraient portés au cimetière de Clamart pour y être enterrés ».

Mais ces dispositions, continuant d'être fréquemment violées, avaient dû faire l'objet, le 11 janvier 1815, d'un rappel à l'ordre signé par le directeur général de la police du Royaume.

On aura remarqué que le Muséum d'histoire naturelle ne figurait pas au nombre des établissements parisiens autorisés à pratiquer des dissections. L'autopsie – comme celle de l'Hottentote – effectuée au laboratoire d'anatomie du Muséum pouvait donc être contestée. Ce sera le cas en 1816, lorsque l'Hôtel-Dieu refusera de faire transporter des corps au Muséum. Il faudra attendre une correspondance officielle du 29 octobre 1816 – plus de neuf mois après la mort de Sarah Baartman – pour qu'il soit admis que des cadavres de personnes décédées dans des hospices soient confiés au Muséum pour dissection et leçons d'anatomie.

C'est donc en vertu d'une prérogative liée au prestige dont jouissait le Muséum que Georges Cuvier va procéder à l'autopsie du corps de Sarah Baartman. Le laboratoire d'anatomie ne disposant que des moyens de conservation très limités qui sont ceux de l'époque, il est probable que cette dissection aura lieu dès la livraison du cadavre, au soir du samedi 30 décembre.

En outre, Cuvier est impatient. Dans son compte rendu d'examen, il exprime sa hâte à observer le tablier de la Vénus, qu'à son grand regret, il n'avait pu étudier à sa guise lors du séjour de l'Hottentote au Jardin botanique :

> Les premières recherches durent avoir pour objet cet appendice extraordinaire dont la nature a fait, disait-on, un attribut spécial de sa race. On le retrouva aussitôt, et tout en reconnaissant que c'était exactement ce que Péron avait dessiné, il ne fut pas possible d'adopter la théorie de cet infatigable naturaliste. En effet, le tablier n'est point, comme il l'a prétendu, un organe particulier... c'est un développement des nymphes (petites lèvres de la vulve).

À l'appui de son constat, Cuvier va joindre des preuves matérielles. Saisissant son scalpel, il prélèvera la vulve – ultérieurement désignée sous l'appellation d'« organes génitaux » – et l'anus, afin de les conserver dans un bocal. Non sans avoir pris soin auparavant d'en faire effectuer un moulage de cire. Ces pièces anatomiques seront par la suite confiées à l'Académie de médecine avant de subir diverses pérégrinations et de disparaître mystérieusement.

Cuvier entreprend ensuite l'examen du postérieur qui a fait la célébrité de la Vénus :

> J'étais curieux de savoir si les os du bassin avaient éprouvé quelques modifications de cette surcharge extraordinaire. J'ai donc comparé le bassin de ma Boschimane avec ceux des négresses et de différentes femmes blanches. Je l'ai trouvé plus semblable aux

premières : proportionnellement plus petit, moins évasé.

La dissection se poursuivra avec le prélèvement du cerveau. Il sera, lui aussi, conservé dans un bocal où se dilueront à jamais les illusions qui, pendant un peu plus de cinq ans, ont accompagné la folle aventure de Sarah.

Enfin, Cuvier procédera à l'extraction du squelette entier qui, reconstitué os par os, escortera comme un spectre le moulage en plâtre dont la prodigieuse silhouette immortalisera la Vénus Hottentote.

En violation de l'ordonnance de 1813 stipulant que les débris des cadavres autopsiés devaient être enterrés au cimetière de Clamart, les restes de Sarah Baartman ne seront pas inhumés. Comme on le verra, cet outrage infligé à la dépouille de la Vénus noire fera plus tard l'objet de vigoureuses protestations de la part des ethnies sud-africaines qui réclameront réparation de ce mépris des rites mortuaires.

Point d'inhumation donc, pour la pauvre Sarah. Mais, en guise de funérailles, une métamorphose de son corps qui, au nom de la Science, et par une surprenante aberration du langage, « naturalise » une sauvagesse arrachée à l'authentique nature. Ainsi reconvertie en trophée scientifique, la Vénus Hottentote va commencer sa destinée posthume, à jamais figée dans son rôle de phénomène offert, pour plusieurs générations successives, à la curiosité d'un nouveau public.

En ce sens, Cuvier, effectuant de ses mains cette mutation sur la personne de Sarah Baartman, s'inscrit, peu ou prou, dans la lignée des Dunlop, Caezar, Taylor, Réaux, et autres spoliateurs de l'Hottentote.

Il est vrai que l'existence post-mortem de Sarah, qui lui est attribuée sous l'égide du glorieux Muséum d'histoire naturelle, va la doter d'une renommée qu'elle-même n'aurait jamais osé imaginer. La voici en quelque sorte statufiée pour l'éternité. Prestige pourtant bien ambigu, comme le montrera la suite de l'histoire.

En effet, la Vénus ne présentait qu'un intérêt scientifique mineur. Après qu'elle avait été moulée et disséquée par Cuvier, on la rendit à sa vocation : l'exhibition. Non pas pour ses caractères anthropologiques, comme spécimen de l'ethnie à laquelle elle appartenait, mais – encore et toujours – comme objet de curiosité anatomique. C'est parmi les monstres, les malformés, les estropiés, qu'on la placera, dans la salle d'anatomie comparée du Muséum d'histoire naturelle. Elle y aura pour voisins le squelette d'un Italien doté d'une vertèbre excédentaire, le nain « Bébé » qui avait appartenu à Stanislas, roi de Pologne, et le moulage en cire d'une femme nommée « Supiot » dont tous les os étaient ramollis et tordus. Charmante ambiance ! Malmenée de son vivant, palpée, piquée, pincée, pour vérifier l'authenticité de ses formes ostentatoires, Sarah ne sera pas mieux traitée après sa mort. En 1827, stupéfaction ! On a volé la tête de la Vénus ! Son squelette, décapité, continuera d'exciter la curiosité des visiteurs. Jusqu'à ce que ce crâne, quelques mois plus tard, soit discrètement restitué par une personne qui voudra garder l'anonymat.

Au chapitre morbide des restes éparpillés figure enfin la peau de l'Hottentote, disparue après que Sarah avait été écorchée sur la table de dissection de Cuvier. Qu'est-elle devenue ? En guise de réponse, l'anthropologue Percival Kirby rapporte, dans le *South African Journal of Science*, qu'en 1850 Robert Knox, anatomiste à Edimbourg, déclarait avoir vu, en Angleterre, la peau rembourrée d'une femme Hottentote : « Un réel objet de curiosité », affirmait-il froidement. Or Kirby laisse entendre que cette peau pourrait avoir été celle de la Vénus. Simple hypothèse. Il n'en demeure pas moins que cette dispersion du corps de Sarah ajoute encore une part de mystère à sa fin pathétique.

Et la Science dans tout ça ? En quoi l'examen minutieux auquel Sarah Baartman avait été soumise de son vivant, pendant trois jours, par une escouade de savants du Muséum, puis le dépeçage de son cadavre par le plus éminent de ces pontes, ont-ils fait progresser les connaissances sur l'espèce humaine ? Éluder cette question, ce serait renoncer à comprendre pourquoi et comment la Vénus Hottentote a soudain changé d'univers, quittant le domaine du spectacle pour accéder à celui de la science.

Rien de plus explicite, à cet égard, que les observations effectuées par Cuvier lors de la dissection de l'Hottentote. Elles serviront, en 1817, à une étrange argumentation que le maître développera solennellement devant l'Académie de médecine. Fidèle à son obsession, il se fera alors un devoir de montrer à ce cénacle le bocal dans lequel flottaient les organes génitaux de Sarah : « Préparés de manière à ne laisser aucun doute sur la nature de son tablier. » Suivront les commentaires, déjà mentionnés plus haut, sur les fesses et sur le squelette de la négresse. Mais c'est avec sa conclusion que l'exposé de Cuvier atteindra son point culminant.

Il convient, afin d'en apprécier la portée, de se souvenir que lors de la campagne d'Égypte – de 1798 à 1801 –, les savants qui avaient suivi Bonaparte dans son expédition contre les Mamelouks avaient découvert les merveilles de la civilisation pharaonique. Au retour, les récits de leur voyage avaient enthousiasmé les intellectuels français qui, fascinés par les pyramides, le Sphinx, le culte d'Horus et les hiéroglyphes, n'avaient pas tardé à se considérer comme les héritiers des scribes de Ramsès II.

Or, voilà que l'Écossais Jacques Bruce, déjà mentionné ici à propos du « tablier » des femmes d'Abyssinie, prétendait que les antiques Égyptiens étaient les descendants directs des Noirs des hauts plateaux d'Afrique orientale. Cuvier s'en étrangla d'indignation. Comment osait-on prétendre que les pharaons qui, selon Cuvier, étaient nos sublimes ancêtres, puissent être eux-mêmes les descendants des sauvages africains ?

Pour disqualifier l'insolente théorie de Bruce, Cuvier, sous les regards médusés de ses collègues de l'Académie de médecine, va brandir le crâne de Sarah Baartman :

> Ce qui est bien constaté *[affirmera-t-il]* c'est que ces Boschimans, ni aucune autre race de nègres, n'a donné naissance au peuple célèbre qui a établi la civilisation dans l'antique Égypte, et duquel on peut dire que le monde entier a hérité les principes des lois, des Sciences et peut-être même de la Religion...

Puis Cuvier, d'un geste théâtral, repose le crâne de l'Hottentote et exhibe la tête d'une momie rapportée d'Égypte par Geoffroy Saint-Hilaire :

> Je présente ici une tête de momie pour que l'Académie puisse faire la comparaison avec celles d'Européens, de Nègres et d'Hottentots... J'ai examiné plus de cinquante têtes de momies, et je puis assurer qu'il n'en est aucune qui présente des caractères ni de nègres, ni de Hottentots !

La distinction entre nègres et Hottentots en dit long sur la sous-négritude dans laquelle Cuvier classe ces derniers : selon lui, au plus bas degré de l'échelle humaine ! Cette hiérarchisation des peuples connaîtra un épisode tout aussi révélateur avec *L'Histoire naturelle des mammifères*, publiée par Geoffroy Saint-Hilaire et Frédéric Cuvier (le frère de Georges), en 1824.

Le sous-titre de cet ouvrage indique qu'il comporte des figures originales « dessinées d'après des animaux vivants ». Or, le premier de ces « animaux » n'est autre que la « femme Boschimane » – Sarah Baartman – peinte par de Wailly dans le Jardin du Roi. Les gravures suivantes représentent successivement le singe entelle, le macaque, le singe à queue de cochon, le babouin... On peut penser que le fait de placer l'homme parmi les animaux n'a rien de vraiment choquant. Linné, déjà, classait les humains dans le groupe des primates. Mais pourquoi diable, ce choix exclusif de la « femme Boschimane » en tête du défilé, plutôt que celui d'un homme blanc ? On a peine à croire au hasard. D'autant que le portrait de Sarah est accompagné du texte présenté sept ans plus tôt par Georges Cuvier, devant l'Académie de médecine. À ceci près que les dernières lignes, concernant l'origine des Égyptiens, en ont été modifiées de manière à ne laisser subsister aucun doute sur les théories de Cuvier touchant à l'infériorité des Noirs :

> Il est aisé de s'assurer que, quel qu'ait pu être leur teint [celui des Égyptiens], ils appartenaient à la même race d'hommes que nous ; qu'ils avaient le crâne et le cerveau aussi volumineux ; qu'en un mot, ils ne faisaient pas exception à cette loi cruelle qui semble avoir condamné à une éternelle infériorité les races à crâne déprimé et comprimé [autrement dit les nègres, dans la terminologie de Cuvier].

Le terme d'« éternelle infériorité » mérite d'être souligné. Il marque une nouvelle étape dans l'expression du racisme spontané qui, à cette époque, ne se soucie guère de ces considérations que l'on qualifie aujourd'hui de « politiquement correctes ». Déjà, au XVIIIe siècle, Montesquieu, le grand penseur libéral, se faisant l'avocat du diable, doutait – non sans ironie – que Dieu, « qui est un être très sage, ait mis une âme, surtout une âme bonne, dans un corps tout noir ». Aussi éclairés soient-ils, les grands esprits de l'époque ne se gênaient pas pour exprimer, sans fioritures, cette sorte de mépris protecteur que leur inspiraient les Noirs. Buffon et Lacépède publiant leur *Histoire naturelle* y consacrent aux nègres un chapitre introduit par cette phrase demeurée célèbre : « Quoique les nègres aient peu d'esprit, ils ne laissent pas d'avoir beaucoup de sentiments. » Ils sont décrits comme de braves gens ayant « le cœur excellent ». Et, surtout, ils ont, selon Buffon, « le germe de toutes les vertus ». On retrouve là, comme on l'a vu plus haut, le stéréotype du « gentil nègre » que l'on caricaturait sur les scènes de théâtre à cette même époque.

Comme chez Rousseau, ce racisme condescendant assimile les peuples « inférieurs », « primitifs », au stade infantile qui, croyait-on, fut aussi celui des sociétés blanches, avant qu'elles n'accèdent à cette « supériorité » autoproclamée par les nations civilisées. Bref, aux yeux des Blancs, le nègre est un enfant qu'il faut savoir éduquer. Tâche confiée à l'abnégation des missionnaires.

Au début du XIXe siècle, les scientifiques passent de ce racisme – que l'on n'ose qualifier d'« humaniste » – au racisme anthropologique, plus technique. Munis d'appareils compliqués, ils mesurent le volume crânien, l'angle facial formé par la ligne du front avec celle des oreilles, la texture et la longueur des cheveux, les nuances des couleurs de la peau, la morphologie du bassin... Autant de critères présumés infaillibles, et qui génèrent des conclusions péremptoires, telle cette « éternelle infériorité » du Noir affirmée par Cuvier.

Ainsi la craniométrie – mesure du volume cérébral – apparaît-elle, tout au long du XIXe siècle, comme la plus sûre méthode permettant de comparer l'intelligence des individus et des différentes races. Ce sera, dans quantité de studieuses officines, un frénétique amoncellement de crânes. Certains savants se transformeront en véritables chasseurs de têtes, fouillant les cimetières pour y décapiter les squelettes. Le vol du crâne de la Vénus Hottentote, en 1827, trouve peut-être là son explication.

L'un de ces maniaques de l'encéphale, l'Américain Samuel Morton, rassemblera plus d'un millier de crânes dans son laboratoire que ses étudiants surnommèrent le « Golgotha ». Il finira par conclure que la mesure des capacités crâniennes détermine une hiérarchie des intelligences dominée, dans l'ordre, par les Allemands, les Anglais et les Blancs américains, tandis que les Hottentots et les Aborigènes d'Australie se situent tout en bas de l'échelle.

En France, c'est Paul Broca, incontestable pionnier des localisations cérébrales, qui mène tambour battant les recherches en craniométrie. Il exhumera des centaines de crânes dans trois cimetières parisiens afin de les comparer à ceux de différentes races. Tellement pressé de démontrer l'exactitude de ses théories qu'il finira par se ridiculiser en dévoilant naïvement ses préjugés dans le *Bulletin de la Société d'Anthropologie de Paris* (1861) :

On choisit, pour la comparaison des cerveaux, des races dont l'inégalité intellectuelle soit tout à fait évidente. Ainsi la supériorité des Européens par rapport aux nègres d'Afrique, aux Indiens d'Amérique, aux Hottentots, aux Australiens et aux nègres océaniens, est assez certaine pour servir de point de départ à la comparaison des cerveaux.

Magistrale démonstration ! Ou, plutôt, remarquable pétition de principe. Dont l'étonnante logique prend pour « évidents » les faits que Broca prétend vouloir démontrer. Sa méthode n'aura finalement pour résultat que de trahir ses idées préconçues.

Poursuivant sur sa lancée, Broca voudra comparer le cerveau des hommes et des femmes. Là encore, il s'embrouillera dans son raisonnement, inversant la logique des causes et des conséquences pour justifier ses théories sexistes :

Il est permis de supposer que la petitesse relative du cerveau de la femme dépend à la fois de son infériorité physique et intellectuelle.

Ainsi raisonnait le célèbre fondateur de l'École d'anthropologie ! La mode de la craniométrie n'en souffrit pas le moins du monde. Au point que l'on en vint – alors que leur cadavre était encore chaud – à peser le cerveau des hommes célèbres. Cruelle désillusion ! On constatera alors que le grand Cuvier avait un cerveau d'un poids très médiocre. Broca lui-même dépassera à peine la moyenne.

Pourtant, la craniométrie n'avait cessé d'élargir le cercle de ses adeptes. En 1854, Joseph-Arthur de Gobineau, dans son *Essai sur l'inégalité des races humaines* – qui deviendra plus tard le livre de chevet d'Adolf Hitler – conforte ses théories racistes en recourant, lui aussi, au dogme de la craniologie : « Le front étroit et fuyant du nègre semble signaler des capacités de raisonnement inférieures. » Funeste dérive d'une technique prétendument scientifique.

En cette première moitié du XIXe siècle, le progrès des connaissances fut l'objet d'un tel engouement que l'on finit par croire que la Science pouvait répondre à toutes les questions qui se posaient à l'humanité. « La Science, dira plus tard Victor Hugo, fait dans le progrès le rôle d'utilité. Vénérons cette servante magnifique. » Servante. Parfois même servile. Grisés par leur prestige, les savants donnèrent souvent l'impression de fournir les alibis que leur réclamait l'idéologie dominante. Ainsi les adversaires de l'abolition de l'esclavage, tout comme les partisans de l'expansion coloniale, trouvèrent des justifications commodes dans le racisme scientifique qui assimilait les Hottentots à des singes et classait tous les nègres au pied de l'échelle humaine en les vouant à cette « éternelle infériorité » décrétée par Cuvier. Le colon et le négrier pouvaient avoir bonne conscience. Il leur était en effet facile, comme le remarque Daniel Droixhe, « de considérer les peuples inférieurs, rejetés à la traîne de l'inexorable marche de l'esprit, comme des usurpateurs de l'espace qu'ils occupent ». L'expansion coloniale du XIXe siècle trouvera là sa légitimité, confortée par la certitude d'accomplir une mission civilisatrice.

Esclavagistes et colonialistes n'étaient pas seuls à tirer argument du racisme scientifique. L'Église, à cette époque, voyait d'un assez bon œil ces théories qui rejetaient les Noirs dans l'animalité. La Science, fort opportunément, semblait justifier la fameuse « malédiction de Cham », perpétuée par les Saintes Écritures.

Cham, selon la Bible, était le deuxième fils de Noé. Ayant surpris son père, endormi nu après avoir bu du vin, Cham se moqua de lui tandis que ses frères se hâtaient de couvrir la nudité paternelle. Pour punir Cham, Noé le maudit, ainsi que tous ses descendants. Or, ces derniers – les Chamites – sont considérés comme les ancêtres de la race noire. En s'évertuant à démontrer, crânes à l'appui, « l'éternelle infériorité » du Noir, Cuvier apportait une preuve matérielle de la malédiction de Cham. Ainsi, tout allait pour le mieux dans le meilleur des mondes ordonné par le Créateur.

La science et la religion étaient en totale connivence. Y compris pour ce qui concerne les théories sur l'origine de la vie. L'Église enseignait que le monde ayant été créé par Dieu, chaque espèce vivante a fait l'objet d'une création spécifique et définitive qui la fixe en l'état jusqu'à la fin des temps. Ainsi l'homme, issu du couple d'Adam et Ève, est-il à jamais parfait et immuable. Ce dogme, que l'on désigne sous le terme de « créationnisme », est aujourd'hui critiqué par le Vatican.

Mais il a encore de très nombreux adeptes, notamment aux États-Unis.

Au XIXe siècle, cette même conception de l'origine des espèces, directement inspirée par la Bible, était ardemment défendue par Georges Cuvier, dont l'autorité sur la science de l'époque était incontestée. Elle reposait notamment sur sa connaissance de la paléontologie, acquise dans la recherche des fossiles d'animaux disparus et qu'il découvrait en fouillant les carrières de Montmartre. Admiratif, Balzac, dans *La Peau de chagrin*, célèbre avec fougue la gloire de l'illustre Cuvier : « Il a retrouvé des populations de géants dans le pied d'un mammouth. Il réveille le néant... Voyez ! Soudain les marbres s'animalisent, la mort se vivifie, le monde se déroule. »

En partisan convaincu du créationnisme, Cuvier considérait alors que les fossiles ne pouvaient être que les vestiges d'animaux ayant péri lors du Déluge. Quant aux espèces qui avaient survécu à cette catastrophe, elles étaient – selon cette hypothèse – demeurées inchangées depuis la Création. Bénéficiant de la bénédiction de l'Église, la science officielle de Cuvier pouvait aussi compter sur l'appui du pouvoir politique. Bonaparte, accaparé par les guerres qu'il menait au-delà des frontières, avait fait la paix avec le pape. Le Concordat de 1801 avait même placé l'Église de France sous la protection du gouvernement. Napoléon veillera par conséquent à ce que la science respecte la religion : « Ne touchez pas à ma Bible ! », ordonnait-il aux savants. C'est ainsi que s'était accomplie l'alliance du microscope et du goupillon. Et qui l'Empereur avait-il désigné comme gardien du dogme ? Georges Cuvier, qui – en récompense des services rendus – sera anobli et fait chevalier de l'Empire.

Mais voici qu'une voix s'élève timidement dans les rangs de la science. Un naturaliste, Jean-Baptiste Lamarck, professeur au Muséum d'histoire naturelle, disciple de Buffon et ami de Geoffroy Saint-Hilaire, publie, en 1809, sous un titre apparemment bénin, *Philosophie zoologique*, un livre qui bouscule les idées reçues. Il ose y prétendre que les espèces animales ne sont pas définitivement fixées pour l'éternité. Qu'elles dérivent les unes des autres en se modifiant lentement au cours des générations. Et que ces modifications s'expliquent par la transmission héréditaire des caractères acquis, non seulement sous l'influence du climat, mais aussi de l'usage que les êtres vivants font de leur corps. Théorie grossièrement résumée par la fameuse formule : « La fonction crée l'organe. » Exemples, le cou allongé permettant à la girafe de manger le feuillage des arbres ou les pattes palmées du canard qui l'aident à mieux nager.

Scandale ! Ce « transformisme » fut considéré comme le fruit d'une imagination délirante que l'on qualifierait aujourd'hui de science-fiction. Il était en opposition absolue avec le « fixisme » que défendait Cuvier. Ce dernier réagira violemment, désignant aussitôt le coupable à la vindicte impériale. Lors d'une réception solennelle à l'Académie, Lamarck tenta d'offrir à l'Empereur son nouveau livre, *L'Annuaire météorologique*. Saisissant ce prétexte, Napoléon le repoussa de la main, écrasant publiquement de son mépris le pauvre savant : « Vous déshonorez vos vieux jours ! », dit-il à Lamarck qui, devant tout ce beau monde, s'effondra en sanglots.

Inutile de dire que le « transformisme » de Lamarck tombera pour longtemps dans les oubliettes de la Science. Vingt ans plus tard, la mort du savant déchu ne suffira pas à calmer la haine que lui portait Cuvier. Celui-ci, dans l'éloge funèbre qu'il sera censé prononcer en hommage au disparu, s'obstinera à ridiculiser son souffre-douleur.

C'est pourtant à Lamarck que l'avenir donnera raison. En 1859, lorsque seront publiées les théories révolutionnaires sur *L'Origine des espèces*, de Charles Darwin, ce dernier – bien qu'il s'abstienne de mentionner le nom du Français – justifiera les conceptions avant-gardistes de Lamarck. Il ira même beaucoup plus loin, portant un coup décisif contre les idées fixistes et créationnistes. À la conception d'un monde immuable créé par Dieu, il oppose une vision purement matérialiste de la nature, dans laquelle les espèces se modifient sans cesse en luttant pour leur survie. Cette théorie – l'évolutionnisme – était tout simplement révolutionnaire. Elle produisit un véritable choc dans la science du XIXe siècle. Les plus profondes convictions concernant l'origine de l'homme étaient soudain bouleversées. Les réactions furent donc particulièrement violentes. Non seulement de la part de l'Église et de la bourgeoisie victorienne, mais aussi parmi les savants.

Sermons, discours, gazettes, déverseront un flot d'injures sur le pauvre Darwin. Lui-même se déclarera surpris et meurtri par « ces réserves de haine certainement inégalées ».

Et quelle mauvaise foi ! Ainsi son vieil ami, Robert Fitzroy – l'ancien capitaine du *Beagle*, à bord duquel le jeune Darwin avait exploré l'hémisphère austral, de 1831 à 1836 – lui écrit : « Je ne trouve pour ma part rien de très noble à l'idée de descendre du plus ancien des singes. » Reproche d'autant plus injuste que si Fitzroy s'était donné la peine de lire le livre de Darwin, *L'Origine des espèces*, il aurait pu constater qu'il ne traite absolument pas des origines de l'homme. Même en lisant entre les lignes de l'ouvrage, il était bien difficile d'y trouver la moindre allusion à la parenté de l'homme et du singe. Il s'agissait là, pourtant, d'une vieille idée qui, un siècle auparavant, avait déjà été énoncée par Linné : « On n'a encore pu découvrir aucun caractère bien positif qui autorise à séparer l'homme du singe. »

C'est seulement en 1871 – treize ans après la publication de *L'Origine des espèces* – que Darwin, dans *La Descendance de l'homme et la sélection sexuelle*, désignera le singe comme ancêtre de l'homme. Encore prendra-t-il soin d'énoncer sa théorie sous forme d'une devinette :

> L'homme descend d'un mammifère velu, pourvu d'une queue et d'oreilles pointues qui, probablement, vivait dans les arbres et habitait l'ancien monde.

Prudence superflue. Désamorcé par le précédent scandale, le livre fut plutôt bien accueilli. Du moins n'osa-t-on pas l'attaquer de front. Car il comportait aussi une morale. Profondément antiraciste et anti-esclavagiste, Darwin y délivrait le message qui lui tenait à cœur :

> L'expérience nous prouve, malheureusement, combien il faut de temps avant que nous considérions comme nos semblables les hommes qui diffèrent de nous par leur aspect extérieur et par leurs coutumes.

Darwin pointait ainsi du doigt les arrière-pensées racistes qui entretenaient une hostilité permanente envers les Noirs, les Indiens, les Asiatiques... et qui continuaient d'avoir cours dans les pays prétendument « civilisés ».

C'est dans cette effervescence du savoir, des idées, et des préjugés, que s'est accomplie l'appropriation de la Vénus Hottentote par les milieux scientifiques. Ses multiples mésaventures, comme l'expliquera Stephen Jay-Gould, en 1982, illustrent cruellement ce processus :

> Sur l'échelle raciste des progrès humains, les Bushmen et les Hottentots rivalisaient avec les aborigènes australiens pour être au rang le plus bas, juste au-dessus des chimpanzés et des orangs-outangs... Dans ce système, Sartje (Sarah Baartman) exerçait une sinistre fascination, non pas comme un chaînon manquant – au sens ultérieur de l'évolutionnisme – mais en tant que créature se situant à cheval sur la redoutable frontière qui sépare l'homme de l'animal.

Inutile de se voiler plus longtemps la face. Il est bien là le drame de la Vénus Hottentote, dans cette ambiguïté qui fait d'elle, aux yeux de tous ceux qui vinrent la contempler – à Londres, à Paris, et même après sa mort, dans les galeries du Muséum, puis du musée de l'Homme –, une créature à la fois humaine et animale : un mythe. Non pas celui de la déesse Vénus – cruelle ironie –, mais celui de la sphinge ou de la centauresse, l'un de ces êtres au visage de femme et au corps de lionne ou de jument, incarnations imaginaires de la double nature humaine. Objet de « sinistre fascination », comme l'a si bien vu Stephen Jay-Gould.

Or, cette fascination, ressentie par tous les publics, n'a pas épargné les savants. Nombreux seront ceux qui, après Cuvier, fouilleront le corps de femmes hottentotes, ou supposées telles, afin d'en découvrir les mystères. Une véritable « hottentotmania » va agiter les biologistes européens.

En 1834, c'est un Allemand, Johannes Müller, qui fait venir du Cap, pour le disséquer, le cadavre d'une vieille femme bochimane.

En 1853, on amène à Londres une jeune Bochimane originaire de Port-Natal. Cette jeune fille est destinée à être exhibée comme le fut Sarah Baartman, quarante ans auparavant. Elle aussi mourra de maladie, le 16 juin 1864. Elle sera alors transportée au Collège royal de chirurgie où deux praticiens, Flower et Murie, procéderont à sa dissection.

En 1868, c'est un autre Allemand, résidant à Ulm, Hans von Luschka, qui, avec la même frénésie opératoire, se procure le cadavre d'une Bochimane âgée d'environ trente ans, nommée Alfandy, et morte de pleurésie.

Enfin, en 1872, un certain Gustav Fritsch, de Breslau, alors en voyage en Afrique australe, profite de son séjour pour prélever sur le corps d'une Hottentote de la tribu Gonaqua les organes sexuels qu'il transportera au Musée anatomique de Berlin où ils ont longtemps été exposés.

Chez tous ces explorateurs d'entrailles on retrouve la même obsession que chez leurs prédécesseurs, Perron, Le Sueur, Cuvier, Geoffroy Saint-Hilaire : élucider l'énigme du tablier et de la stéatopygie, ces prolongements corporels insolites, perçus comme les indices d'une sexualité dilatée, obscène, bestiale. Supposition gratuite à laquelle le bistouri n'apportera aucune confirmation. On abandonnera donc les dissections pour en revenir à l'exhibition qui entretient chez le voyeur « le plaisir d'assister à des scènes humiliantes » (Pierre Klossovski).

Le 7 octobre 1886, à Paris, le distingué Pr Paul Topinard, disciple de Paul Broca, présente aux membres de la Société d'anthropologie quatre Bochimans qui ont pour particularité d'appartenir à une troupe qui se produisait alors sur la scène des Folies-Bergère. C'est pour le moins une nouveauté en milieu scientifique. En effet, ce ne sont plus – comme au temps de Sarah Baartman – les bateleurs de foire qui, tel Réaux, sollicitent l'expertise des savants pour accréditer l'authenticité des vedettes de leur spectacle. C'est désormais le savant qui invoque le music-hall comme référence des sujets qu'il présente. « Le monde scientifique, confirme François-Xavier Fauvelle, se greffe littéralement sur les réseaux du spectacle. » La Science prend ainsi le relais du cirque exotique.

Avec quand même plus de rigueur quant à l'origine de ces malheureux Bochimans que l'affiche des Folies-Bergère propose aux regards voraces du public sous l'appellation de *Pygmées de l'Afrique*, entre le numéro d'un certain John Patty – « équilibriste sur la tête » – et la prestation du « professeur Farras et ses chiens miniatures ».

« Quelle docilité extraordinaire que celle de ces bons petits sauvages ! » Non, ce n'est pas un spectateur des Folies-Bergère qui s'exclame de la sorte à propos du talent des caniches nains. C'est un éminent anthropologue, le Pr Hamy, qui conclut en ces termes la présentation des Bochimans par son ami Topinard. Sa remarque est apparemment débonnaire. Mais en réalité, ayant trait à de « bons petits sauvages » dont l'aîné est âgé de plus de quarante ans, elle trahit – une fois encore – ce sentiment de supériorité du Blanc sur le « primitif ». Lequel est supposé s'y soumettre, avec docilité.

Ils sont dociles, en effet, tous ces Hottentots que l'on balade alors à travers l'Europe et qui se prêtent complaisamment à de multiples démonstrations devant des publics variés : simples curieux, amateurs d'exotisme ou savants mondains.

En 1888, arrive à Paris une nouvelle troupe de treize Hottentots composée de six hommes, cinq femmes, une petite fille de huit ans et un bébé âgé de quelques mois. Les gazettes de l'époque ont tôt fait de les présenter comme les héritiers de la

Vénus Hottentote. Succès garanti. Le prince Roland Bonaparte – petit-neveu de l'Empereur et grand collectionneur – photographie ces Africains sous tous les angles. L'une des femmes, nommée Esthar (ou Esther), plutôt gironde, posera pour le peintre Charles Toché et figurera, l'année suivante, sur une fresque représentant l'Afrique traditionnelle lors de l'Exposition universelle de 1889.

Les hommes de science veilleront à ne pas se laisser voler la vedette. En juillet 1888, Paul Topinard, devenu expert en hottentologie, revient au Jardin d'Acclimatation pour examiner publiquement cette nouvelle troupe, comme il l'avait fait, deux ans auparavant, avec celle des Folies-Bergère. Mais il devra, cette fois, partager l'attention de l'auditoire avec son collègue Deniker.

Tous deux font assaut de connaissances anatomiques pour décrire, avec moult détails, les caractères physiques de ces Noirs : « Les plus hautement nègres que l'on connaisse », affirme Topinard. Comme Deniker il s'attarde sur les mensurations, le volume crânien, la stéatopygie... Allant jusqu'à mesurer, au degré près, l'angle formé par la saillie des fesses par rapport à l'horizontale.

Mais les deux savants restent bredouilles quant à l'objet de leur curiosité la plus intense : le tablier, dont la pudeur des femmes hottentotes ne livre pas facilement les secrets. « Nous le regrettons vivement, confesse Deniker, car c'est un des sujets les plus intéressants de l'étude des Hottentotes. » Topinard se vantera néanmoins d'avoir pu vérifier, « assez mal », la présence du tablier sur Esther, décidément très sollicitée. Pourtant, cette dernière sera à son tour oubliée quand son portrait disparaîtra, en même temps que les pavillons de l'Exposition universelle de 1889.

Des fastes de cette célébration du centenaire de la Révolution de 1789, ne subsistera que la tour Eiffel, bien campée sur le Champ de Mars, face aux ridicules minarets du Trocadéro. C'est là, dans ce triste monument, construit en 1876, qu'ont été transportés les vestiges de la Vénus Hottentote : le moulage de son corps, son squelette, ses organes conservés dans le formol.

Jules Ferry – alors ministre de l'Instruction publique –, en 1878, avait décidé d'installer là le musée d'Ethnographie, dès lors séparé du Muséum d'histoire naturelle. Un pitoyable exil que les conservateurs décriront en ces termes :

> Logé dans un palais mal construit pour un tout autre objet, sombre et non chauffé, garni de vitrines improvisées, mal protégées contre la poussière, l'humidité, les insectes. Sans bureaux, sans salles de manipulations, le musée donnait l'impression d'un magasin de bric-à-brac.

Des années s'écoulèrent. Le XIXe siècle, aux dires des historiens, ne s'achèvera vraiment que dans les tranchées de la Première Guerre mondiale, en 1914. Il n'y aura alors plus grand monde pour visiter les musées. En décembre 1916, la bataille de Verdun, après plusieurs mois de combats sanglants, tourne à l'avantage des Français. À Paris, un vieux monsieur nommé Vaudez – membre de la Société des Amis du Muséum – suggère à René Verneau, professeur d'anthropologie, de célébrer le centenaire de la mort de la Vénus Hottentote (morte, en réalité, et comme on s'en souvient, le 29 décembre 1815). L'idée séduit Verneau : « Sarah Baartman, écrit-il, est une célébrité qui, cent ans après sa mort, jouit auprès du public d'une plus grande vogue que beaucoup de savants, de philosophes ou d'hommes politiques disparus au cours du XIXe siècle. » Aussi rédige-t-il pour la revue *L'Anthropologie* un article rappelant ce que l'on savait à l'époque de l'histoire de Sarah Baartman. Mais soudain, sa plume dérape, se laissant entraîner dans un commentaire graveleux :

> Je ne sais si Dunlop exigea d'elle beaucoup de travaux domestiques, mais il est certain qu'elle dut avoir des complaisances pour de nombreux adorateurs ; c'est ce que prétendait la chronique scandaleuse qui s'est transmise jusqu'à nous. On affirmait encore, il y a quarante-trois ans, lorsque je suis entré au Muséum, qu'elle ne dédaignait pas ceux de ces adorateurs ayant les mœurs qui ont illustré Sodome. Je suis obligé d'avouer que l'examen des moulages en cire que nous possédons ne contredit nullement ces racontars.

On ne peut qu'être consterné par le caractère anti-scientifique d'un tel commérage émanant d'un professeur d'anthropologie. Certes, il serait naïf de voir en Sarah Baartman une prude et chaste femme. La liberté des mœurs de son peuple peut laisser supposer de sa part une certaine précocité sexuelle.

Ses propres déclarations devant le tribunal de Londres, en novembre 1810, indiquent clairement qu'elle eut au Cap une liaison avec un compagnon qui fut le père de son enfant. Il est possible qu'au cours de ses séjours en Angleterre, puis à Paris, Sarah ait eu des relations sexuelles avec Dunlop, avec Hendrick Caezar, avec Réaux, ou avec d'autres partenaires. Mais aucun témoignage, aucun document d'archives, ne permet au professeur Verneau d'affirmer de façon aussi péremptoire que Sarah fut une sorte de prostituée. La référence de Verneau aux boniments – qu'il qualifie lui-même de « racontars » – qui circulaient dans les laboratoires du Muséum quand il y fut lui-même admis en 1873, cinquante-sept ans après la mort de Sarah, semble plutôt relever du canular d'étudiant.

Quant aux aveux du même Verneau, scrutant à la loupe les moulages en cire des organes génitaux et de l'anus de la Vénus, pour y déceler des indices de sodomie, ils révèlent une curiosité malsaine – voire assez vicieuse – que ne justifie guère la célébration de l'anniversaire d'un décès, fût-il celui d'une femme « affreuse, d'une intelligence assez bornée », ainsi que la qualifie l'anthropologue, selon des critères plus subjectifs que scientifiques. Il fait preuve, en l'occurrence, d'un parti pris qui, depuis 1907, se nommait déjà « ethnocentrisme » : un concept défini par l'Américain W. G. Summer pour désigner notre tendance spontanée à mépriser les particularités physiques, psychologiques, culturelles, qui diffèrent des nôtres.

La Vénus Hottentote a manifestement cristallisé

les excès de ce préjugé raciste : parce qu'elle était noire ; parce qu'elle était une femme ; parce qu'elle était difforme ; parce qu'elle se donnait en spectacle. La conjonction de ces facteurs en faisant un objet idéal d'humiliation. Mais aussi de succès, puisque, exposée aux regards de plusieurs générations de visiteurs, au musée d'Ethnographie puis au musée de l'Homme, elle a bénéficié d'une popularité qui s'est perpétuée longtemps après sa mort. Or voici, ultime paradoxe, que plus de deux siècles après sa naissance, son avenir en ce monde demeurait encore incertain : histoire inachevée, récit sans conclusion. Étrange cas de suspense posthume.

Force est de constater qu'au cours de ces longues années, une sorte de mutation s'est opérée sur l'image de la Vénus Hottentote. Tout se passe comme si, dans la perception qu'en ont eue les foules, son moulage s'était peu à peu confondu avec la personne même de Sarah Baartman. Aux yeux du public, cette statue de plâtre semble animée d'une présence telle qu'on la croirait vraiment faite de chair. Elle ne représente pas, elle est la Vénus Hottentote ! Aussi n'est-il pas surprenant que, de la dérision à la compassion, elle ait inspiré des émotions variables selon les individus, mais le plus souvent intenses. D'où les réactions passionnelles dont elle finit par être l'objet et qui motivèrent sa disparition. Soustraite à la curiosité des visiteurs, elle sera condamnée à moisir dans les oubliettes du musée de l'Homme, victime d'une seconde mort.

Épilogue

En 1974, Sarah Baartman avait subi un premier déménagement. Il y avait alors près de quarante ans que son moulage de plâtre, son squelette, son cerveau, ses organes conservés dans des bocaux de verre, avaient été installés dans les salles d'anthropologie du musée de l'Homme, à la portée des curieux, sans même une vitrine de protection. La direction du musée s'en était inquiétée, et avait décidé de transférer les restes de la dame dans la salle de préhistoire. Là, placées derrière une paroi de verre, ces reliques étaient enfin à l'abri des mains baladeuses.

Mais que faisaient ce moulage et ces pièces anatomiques d'une femme du XIXe siècle en compagnie du pithécanthrope et des silex taillés de l'aurignacien ? La Vénus Hottentote avait-elle quelque chose à voir avec ces autres créatures aux grosses fesses que sont les « vénus callipyges » du paléolithique ? Embarrassés par les questions que leur posaient les écoliers fascinés par les formes prodigieuses de la Vénus, les guides avaient alerté les autorités. Lesquelles décidèrent à nouveau d'exiler l'Africaine. Mais où la mettre ? On avait tergiversé. Chaque directeur abandonnant à son successeur la responsabilité de l'arbitrage.

Or voici qu'au début des années 80 s'abat sur le musée de l'Homme une violente controverse. L'exposition de la Vénus Hottentote est jugée « politiquement incorrecte ». Les féministes estiment qu'elle excite la misogynie des visiteurs. Les idéologues voient dans son exhibition une insupportable forme d'ethnocentrisme : « Ce préjugé raciste que des oripeaux pseudoscientifiques tentent parfois de couvrir. » (Emmanuel Terray)

L'affaire se corse en 1981 avec la parution d'un vigoureux pamphlet signé par Élisabeth de Fontenay, professeur de philosophie à la Sorbonne. Dans un livre consacré à Diderot, elle dénonce le « véritable attentat funéraire » perpétré contre Sarah Baartman en la privant de sépulture. Ce qui, à ses yeux, symbolise clairement le génocide que la colonisation a fait subir aux Hottentots. Drame qui, selon Élisabeth de Fontenay, se double d'un autre délit :

> C'est aussi un attentat à la pudeur sur la personne d'une femme, dont les secrets continuent d'être mis au jour pour la jouissance perverse, pour le rire, non pour la vérité.

En conclusion, Mme de Fontenay lance un appel à la révolte, incitant les âmes généreuses à libérer la Vénus Hottentote. En recourant aux grands moyens :

Aller au musée de l'Homme, briser la vitrine et le moulage ; ou bien vêtir d'habits somptueux le pauvre corps abandonné à la curiosité ; ou bien encore voler le squelette et aller l'enterrer. Le cimetière du Trocadéro est proche, il suffit de traverser l'avenue Paul-Doumer.

Ce cri du cœur fut-il pris au sérieux ? Toujours est-il que la Vénus Hottentote, rangée debout dans un coffre de bois, sorte de cercueil vertical, fut littéralement mise au secret dans les réserves du musée. Elle y fut oubliée jusqu'à ce que les passions soient apparemment retombées. En mars 1994, à l'occasion d'une exposition temporaire qui se tient au musée d'Orsay, on l'extirpe provisoirement de sa caisse pour l'exhiber une nouvelle fois, comme spécimen de *« La sculpture ethnographique au* XIX*e siècle »*. Ce qui suscite parmi les visiteuses de l'exposition quelques nouvelles protestations. En juin, on se hâte de remballer la Vénus. Elle regagne la pénombre, le silence et l'oubli dans sa retraite de Chaillot.

Mais bientôt, nouveau coup de théâtre ! Sarah Baartman est rattrapée par l'Histoire. Dans sa terre natale, là-bas, en Afrique australe, se déroulent des événements qui vont sérieusement troubler la quiétude des gardiens de l'Hottentote.

En avril 1994, des élections générales au suffrage universel ont lieu en Afrique du Sud. Pour la première fois – victoire définitive sur l'apartheid –, les Noirs ont le droit de vote. Issu de ces élections, le nouveau parlement porte Nelson Mandela à la présidence de la République. Cette émancipation du peuple noir, très majoritaire au sein de la nouvelle nation « arc-en-ciel », a aussi révélé l'extraordinaire diversité des ethnies sud-africaines, en y incluant les nombreux métis. Résultat, on recense dans le jeune État une douzaine de langues exprimant l'originalité de ces populations. Chacune d'entre elles revendiquant la reconnaissance de son identité et de ses origines.

Ce n'est pas sans surprise que l'on va retrouver Sarah Baartman entraînée dans ce tourbillon dont les motivations culturelles vont rapidement prendre une tournure politique. Dès 1994, les descendants du peuple Griqua – appartenant au groupe Khoisan (qui rassemblait jadis Hottentots et Bushmen) – affirment que Sarah est l'une de leurs ancêtres. Très organisés, leurs leaders déclenchent une campagne d'opinion visant à obtenir le retour des restes de la Vénus dans son pays natal. Cette demande ne manque pas d'arguments. Elle est motivée par les croyances et par les traditions de ce peuple qui considère que les morts sont sacrés et qu'ils ne connaîtront jamais la paix à laquelle ils aspirent tant que leurs os n'auront pas été inhumés avec dignité dans la terre qui les a vus naître. Ainsi commençait une longue et obscure affaire diplomatique entre l'Afrique du Sud et la France.

Il semble bien que Mandela lui-même n'ait pas été indifférent aux revendications concernant le retour des restes de Sarah Baartman. Certains membres de son entourage sont intervenus dans ce sens auprès d'un proche de François Mitterrand. Les deux hommes se connaissaient bien. En juin 1990, quatre mois après que Mandela eut été libéré de sa prison politique, le président français l'avait reçu à Paris sur le parvis du Trocadéro, baptisé à cette occasion « Esplanade des droits de l'homme ». Le leader sud-africain avait été à nouveau invité à l'Élysée, en 1992, à son retour d'Oslo où lui avait été remis le prix Nobel de la Paix. Deux ans plus tard, en juillet 1994, Mitterrand avait été le premier chef d'État à se rendre en visite officielle dans la nouvelle Afrique du Sud. C'est en cette circonstance que fut évoquée l'affaire de la Vénus avec un conseiller culturel du président français. Les mois passèrent. De vagues promesses furent oubliées. En mai 1995, Jacques Chirac succédait à François Mitterrand.

Entre-temps, l'impatience des Griquas s'était exacerbée. En décembre 1995, leur Conférence nationale demandait officiellement au président Nelson Mandela de transmettre leurs exigences au gouvernement français. Mais à cela ne se limitait pas le mémorandum qu'ils remettaient au président sud-africain. En effet, ce document réclamait aussi la reconnaissance des Griquas comme étant « la première nation sud-africaine ». Demande assortie de revendications territoriales plutôt embarrassantes pour le gouvernement de Pretoria. Les Griquas reprochaient aussi au nouvel État, membre de l'ONU, de ne pas protéger les droits de ses propres indigènes. Comme on l'aura compris, les Griquas n'étaient pas les plus fervents supporters de Nelson Mandela. Et ils surent se faire entendre.

Fin janvier 1996, le ministre français de la

Coopération est en visite officielle en Afrique du Sud. Il rencontre le ministre sud-africain des Arts et de la Culture. L'entretien donne lieu à des propos assez vifs. L'Africain insiste sur l'importance que revêt le retour des restes de Sarah Baartman aux yeux de ses compatriotes. Déclarant que cet événement marquerait pour son pays « le début du processus de cicatrisation et de rétablissement de sa dignité nationale ». Le Français promet que son gouvernement appuiera la demande sud-africaine. Mais il souligne que les musées jouissent d'une réelle autonomie et que la restitution des restes de Sarah Baartman ne peut être décidée que par la communauté scientifique française. Or le ministre n'ignore pas que les archéologues, anthropologues, ethnologues sont particulièrement vigilants quant à la sauvegarde des richesses conservées dans leurs musées et qu'ils considèrent comme leurs « trésors de guerre » : « Rendre la Vénus Hottentote créerait un dangereux précédent, répondra-t-on au ministre lorsqu'il rentrera à Paris. Si nous cédons, il nous faudra bientôt rendre aussi l'obélisque de la Concorde ! » Argument spécieux, car les Sud-Africains ne demandent pas le rapatriement d'un monument, mais le retour des restes d'un corps humain – squelette et organes – privés de sépulture et revêtant à leurs yeux un caractère sacré. Bref, c'est l'impasse.

Pourtant les tractations continuent d'être menées entre les deux capitales. En janvier 1999, lors d'un congrès d'archéologie qui se tenait au Cap, Cécil Le Fleur, président du Conseil national Griqua, semblant ignorer la mise à l'écart dont la Vénus faisiat l'objet, exhortait à nouveau la France à décider sa restitution :

> L'exhibition de son postérieur et de ses organes génitaux pour amuser les foules de gens sans cœur viole la dignité de mon peuple.

Dialogue de sourds. À Paris le silence est de rigueur, faisant de la Vénus Hottentote un véritable secret d'État. « Il s'agit d'une affaire très délicate », répond poliment l'ambassade d'Afrique du Sud. Même discrétion au Quai d'Orsay. Au musée de l'Homme, les documents et illustrations concernant Sarah Baartman sont pratiquement inaccessibles, frappés d'embargo, et protégés par une inertie administrative plus dissuasive qu'un coffre-fort.

Toutefois, pour les besoins du tournage d'un film documentaire – *On l'appelait la Vénus Hottentote*, réalisé en 1998 par le Sud-Africain Zola Maseko – la « Dame de Bonne Espérance », comme la surnomme si joliment Élisabeth de Fontenay, est momentanément sortie de son cercueil vertical. Posant pour la caméra aux côtés de son squelette, avant de regagner son placard. À en croire le directeur du laboratoire d'anthropologie, interviewé à la fin du film, les bocaux dans lesquels étaient conservés les autres restes de Sarah Baartman, son cerveau et ses organes génitaux, ont disparu du musée de l'Homme. Lui-même ne les y a jamais vus. Il faut donc croire qu'ils ont été détruits ou dérobés après 1982, date à laquelle le célèbre biologiste américain Stephen Jay-Gould se souvient d'avoir observé – dans un flacon étiqueté « Vénus Hottentote » et rangé « juste au-dessus du cerveau de Broca » – le fameux « tablier génital » que Sarah dissimulait avec cette pudeur qui agaçait Cuvier. Ce ne serait pas la première fois que le corps de l'Africaine disparaîtrait par morceaux. On a déjà vu comment, en 1827, son crâne fut volé, et restitué quelques mois plus tard par une main anonyme.

On n'en était donc plus à un mystère près. Jusqu'à ce que le destin de la Vénus Hottentote donne lieu à un ultime coup de théâtre. Le 18 janvier 2002, le sénateur des Yvelines, Nicolas About, convaincu par les arguments exprimés par une parlementaire sud-africaine, Audrey Van Zyl, déposait une proposition de loi visant à restituer les restes de Sarah Baartman à l'Afrique du Sud. Initiative qui déclencha une surprenante effervescence médiatique : journalistes de la presse écrite, radios, télévisions se précipitèrent au musée de l'Homme dont le directeur, mû par une soudaine complaisance, extirpa la Vénus de son caisson pour la soumettre à la curiosité des photographes et des cameramen. Non sans avoir, auparavant, revêtu les formes de la Vénus d'un insolite paréo.

On apprit en outre que les fameux bocaux contenant les organes prélevés par Cuvier venaient d'être miraculeusement retrouvés. « Autant de péripéties qui confinent à l'absurde ! » s'exclamera le rapporteur de la commission sénatoriale.

La loi fut votée le 29 janvier 2002 au Sénat puis le 21 février à l'Assemblée nationale. Le gouvernement disposait alors d'un délai de deux mois pour remettre à l'Afrique du Sud les restes de la dépouille de Sarah Baartman, ce qui fut fait le 29 avril 2002 au cours d'une cérémonie organisée à l'ambassade d'Afrique du Sud à Paris.

Sources d'informations et documents consultés

PROLOGUE

Claudine COHEN, *L'Homme des origines*, Le Seuil, Paris, 1999.

Emmanuel TERRAY, *Face au racisme, Le Magazine Littéraire*, Paris, 1985.

Luce PASSEMARD, *Les Statuettes féminines dites Vénus Stéatopyges*, Librairie Tessier, Nîmes, 1938.

Pierre SOLIÉ, *La Femme essentielle*, Seghers, Paris, 1980.

Timothy TAYLOR, *La Préhistoire du sexe*, Bayard, Paris, 1998.

Jean TULARD, *Guide des films*, Robert Laffont, Paris, 1990.

David LYNCH et Christopher DE CORE. D'après sir Frederik Treves et Ashley, *Elephant Man*, Film USA 1980.

CHAPITRE PREMIER

Encyclopédie, ou Dictionnaire raisonné des Sciences, des Arts et des Métiers, Paris, 1765.

Alain REY, Mariane TOMI, Tristan HORDÉ, Chantal TANET, *Dictionnaire historique de la langue française*, Le Robert, Paris, 1993.

Peter KOLB, *Description du cap de Bonne-Espérance, 1675-1726*, Éd. J. Catuffe, Amsterdam, 1742.

François LEVAILLANT, *Voyage dans l'intérieur de l'Afrique par le cap de Bonne-Espérance, 1780-1785*, Éd. Leroy, Paris, 1790.

François LEVAILLANT, *Second Voyage dans l'intérieur de l'Afrique, 1783-1785*, Éd. H. J. Jansen, Paris An III.

William PATTERSON, *Quatre voyages chez les Hottentots et chez les Caffres*, Paris, 1790.

William-Charles BALDWIN, *Du Natal au Zambèze*, Paris, Hachette, 1872.

Raphaël BLANCHARD, *La Stéatopygie et le tablier des femmes hottentotes*, Bul. de la S[té] zoologique de France, Paris, 1883.

François PÉRON et Charles A. LE SUEUR, *Observations sur le tablier des femmes hottentotes*, Bul. de la S[té] zoologique de France, 1883.

Georges HERVÉ, *Les Instructions anthropologiques de Georges Cuvier pour le voyage du « Géographe » et du « Naturaliste » aux terres australes*, F. Alcan, 1910.

Olfert DAPPER, *The Early Cape Hottentots* (Sans mention d'éditeur).

Robert C. H. SHELL, *Children of Bondage*, Weleyan University Press, Hanover and London.

Henry BALFOUR, *The « Goura », a String-wind Musical Instrument of the Bushmen and Hottentots*, Royal Anthropological Institute, London, 1902.

René VERNEAU. *Les Boers et les races de l'Afrique australe*, Paris, 1899.

Samuel-James HALFORD, *The Griquas of Griqualand*, Tuta and Company Ltd. Capetown and Johannesburg.
Victor ELLENBERGER, *La Fin tragique des Bushmen*, Amiot-Dumont, Paris, 1953.
Victor ELLENBERGER, *Afrique : avec cette peur venue du fond des âges*, Paris, 1958.
Raoul HARTWEG, *Cours d'anthropologie physique*, Paris, 1962.
Percival R. KIRBY, *The Hottentot Venus*, South African Journal of Science, July 1954.
Elizabeth MARSHALL THOMAS, *Des gens sans méchanceté*, Gallimard, Paris, 1961.
« *Africa* », Journal of the International African Institute, Edimburg University Press.
Robert LACOUR-GAYET, *Histoire de l'Afrique du Sud*, Fayard, Paris, 1970.
Susan NEWTON KING, *The Khoi-Khoi Rebellion in the Eastern Cape*, 1981.
Théodore MONOD, *L'Hippopotame et le philosophe*, illustré par l'auteur, R. Julliard, Paris, 1943.
Paul COQUEREL, *Afrique du Sud, l'histoire séparée*, Gallimard, Paris, 1992.
Xavier BEGUIN-BILLECOCQ, *Des Voyageurs français au cap de Bonne-Espérance* (Préface du Pt Nelson Mandela), Relations Internationales et Culture, Paris, 1996.
François-Xavier FAUVELLE, *Le Hottentot, ou l'homme limite. Généalogie de la représentation des Khoisan en Occident (XVe-XIXe siècles)*, Thèse de doctorat de l'Université de Paris I.
François-Xavier FAUVELLE, *Quel passé pour les Khoisan ? Représentation, mémoires, héritages*, Cahiers d'Études africaines, 155-156, Paris, 1999.
François-Xavier FAUVELLE, *Les Khoisan dans la littéra-*

ture anthropologique du XIXe siècle, Bulletin et mémoires de la Société d'Anthropologie de Paris, 2000.

Richard ELPHICK, *Les Khoi-Khoi et la fondation de l'Afrique du Sud blanche*, Ravan Press, Johannesburg, 1985.

John CODE, *King of the Hottentots* (Sans autre mention d'origine), 1967.

Isaac SCHAPERA, *The Khoisan Peoples of South Africa* (Bushmen and Hottentots), 1965.

The Khoi-Khoi at the Cape of Good Hope (dessins du XVIIe siècle), South African Library, 1993.

George Mc CALL THEAL, *Kaffir Folklore*, Le Bas & Lowrey, London, 1886.

La Représentation des groupes sociaux chez les romanciers noirs sud-africains, L'Harmattan, Paris, 1996.

Archives du Greenwich National Maritime Museum, London.

J.F. ADE AJAXI, *Histoire générale de l'Afrique au XIXe siècle*, Unesco, Paris, 1996.

CHAPITRE II

Bernth LINDFORS, *Courting the Hottentot Venus*, Revue *Africa*, Instituto dell'Africa all'Oriente, Roma n° 40, Marzo 1985.

The Book of Days, A Miscellenary of popular antiquities in connection with the calendar, Vol. III, Robert Chambers Ed., London-Edinburg, 1864.

Richard D. ALTICK, *The Shows of London*, Éd. Cambridge-Massachusetts, USA, 1978.

Kenneth GARLICK & Angus Mc INTYRE, *The Diary of*

Joseph Farington, Vol. VI, Éd. New Haven, London, 1979.
BURCHELL, *Travels in the Interior of South Africa*, London, 1824.

CHAPITRE III

Fonds du Museum national d'histoire naturelle (Correspondance et comptes rendus des assemblées des professeurs), Archives nationales, Paris.
Archives de la préfecture de police de Paris (Collections officielles des ordonnances de Police. 1800-1848), Paris.
Le Moniteur universel, Paris, 1815.
Le Journal des dames et des modes, Paris 1814 et 1815.
Le Journal de Paris, Paris 1814 et 1815.
Annales du Ridicule (Scènes et caricatures de la vie parisienne), Paris, 1815.
Charles SIMOND, *Paris de 1800 à 1900*, Plon, Paris, 1900.
Jean TULARD, *Nouvelle Histoire de Paris, 1800-1815*, Hachette, Paris, 1970.
Charles LEFEUVE, *Histoire de Paris*, Paris, 1875.
Victor FOURNEL, *Les Rues du vieux Paris* (Galerie populaire et pittoresque), Paris, 1879.
Lucien HOCHE, *Paris occidental*, Librairie Henri Leclerc, Paris, 1912.
Guy BARTHELEMY, *Les Jardiniers du Roy*, Paris, 1979.
Sébastien JOACHIM, *Le Nègre dans le roman blanc*, Presses de l'Université de Montréal, 1980.
Léon-François HOFFMANN, *Le Nègre romantique*, Payot, Paris, 1973.
Hugh HONOUR, *L'Image du Noir dans l'art occidental*, Gallimard, Paris, 1989.

Daniel DROIXHE et Klaus H. KIEFER, *Images de l'Africain de l'Antiquité au XXe siècle*, Éd. Peter Lang, Francfort, 1987.

Dictionnaire du XXe siècle européen, Ouvrage collectif sous la direction de Madeleine Ambrière, PUF, Paris, 1997.

CHAPITRE IV

Georges CUVIER, *Observations faites sur le cadavre d'une femme connue à Paris sous le nom de Vénus Hottentote*, Muséum national d'histoire naturelle, Paris, 1817.

Adrien FEDOROVSKY, *La Conservation et la restauration des objets ethnographiques*, Paris, 1936.

Étienne Geoffroy SAINT-HILAIRE et Frédéric CUVIER, *Histoire naturelle des mammifères*, Éd. Belin, Paris, 1824.

Georges CUVIER, *Discours sur les révolutions de la surface du globe*, Paris, 1825.

Jean THÉODORIDÈS, *Quelques documents inédits relatifs à Georges Cuvier*, Stendhal Club, Paris, 1966.

G. PETIT et Georges THÉODORIDÈS, *Trois aspects peu connus de l'œuvre et des relations de Georges Cuvier*, « Biologie Médicale » Paris, mars 1967.

Georges Cuvier de son temps au nôtre, L'Expansion Scientifique Française, Paris, 1970.

Nouvelle Biographie générale, Firmin Didot, Paris, 1855.

M. DELEUZE, *Histoire et description du Muséum royal d'histoire naturelle*, Paris, 1823.

L. ROUSSEAU et C. LE MONNIER, *Promenade au Jardin des Plantes*, Paris, 1837.

Paul TOPINARD, *De la notion de race en anthropologie*, Éd. Masson, Paris, 1879.

Paul TOPINARD, *Les Hottentots au Jardin d'Acclimatation de Paris*, « La Nature », Paris, août 1988.

Paul TOPINARD, *La Stéatopygie des Hottentots du Jardin d'Acclimatation*, Revue d'Anthropologie, Paris, mars 1889.

J. DENIKER, *Les Hottentots au Jardin d'Acclimatation*, revue d'Anthropologie, Paris, mars 1889.

Prince Roland BONAPARTE, *Collection anthropologique*, Éd. SI.SN, Paris, 1889.

Histoire générale des sciences, Ouvrage collectif, PUF, Paris, 1969.

Charles DARWIN, *De l'origine des espèces*, Éd. Marabout Université, Paris, 1973.

Charles DARWIN, *La Descendance de l'homme et la sélection sexuelle*, Éd. Complexe, Paris, 1981.

Dictionnaire du darwinisme et de l'évolution, Ouvrage collectif sous la direction de Patrick Tort, PUF, Paris, 1996.

Irving STONE, *Charles Darwin, le roman de nos origines*, Balland, Paris, 1982.

John BOWLBY, *Charles Darwin. Une nouvelle biographie*, PUF, Paris, 1995.

Jean CHALINE, *L'Évolution humaine*, PUF, Paris, 1982.

Denis BUICAN, *Darwin et le darwinisme*, PUF, Paris, 1987.

Denis BUICAN, *La Révolution de l'Évolution*, PUF, Paris, 1989.

Jonathan MARKS, *La Race, théorie populaire de l'hérédité*, « La Recherche », Paris, octobre 1997.

Maurice LENGELLÉ, *L'Esclavage*, PUF, Paris, 1955.

Stephen JAY-GOULD, *La Mal mesure de l'homme*, Odile Jacob, Paris, 1997.

Jean-Pierre CHANGEUX et Paul RICŒUR, *La Nature et la Règle*, Odile Jacob, Paris, 1998.
Maitland A. EDEY, *Le Chaînon manquant*, Time Life.
Dr E. T. HAMY, *Les Origines du musée d'Ethnographie*, Paris, 1890.
René VERNEAU, *Le Centième anniversaire de la mort de Sarah Baartman*, « L'Anthropologie », Paris, 1916.
L'Exposition universelle de 1889, Mise en scène et vulgarisation, Éditions Ouvrières, Paris, 1989.
Monique de Lestrange, *Les Collections anthropologiques et Préhistoriques du Musée de l'Homme*, Le Concours médical n° 42, Paris, 16 octobre 1954.

ÉPILOGUE

Pr P. RIVET, P. LESTER, G. H. RIVIÈRE, *Archives du Muséum d'histoire naturelle*, Paris, 1935.
Dr E. T. HAMY, *Les Origines du musée d'Ethnographie*, Paris, 1890.
Claude LÉVI-STRAUSS, *Race et Histoire*, Denoël, Paris, 1987.
Claude LÉVI-STRAUSS, Race et Culture, *Revue internationale de Sciences sociales n° 4*, Paris, 1971.
Élisabeth DE FONTENAY, *Diderot ou le matérialisme enchanté*, Éd. Grasset et Fasquelle, Paris, 1981.
Stephen JAY-GOULD, *The Hottentot Venus*, Natural History, 99-10, USA, 1982.
Anne ROQUEBERT, *La Sculpture ethnographique au XIXe siècle*, Les Dossiers du Musée d'Orsay, Paris, 1994.
Philippe SALAZAR, *Afrique du Sud, la révolution fraternelle*, Éd. Hermann, Paris, 1998. *Weekly Mail & Guardian*, Braamfontein, South Africa, June 15 1995.

Le Figaro, Paris, 10 août 1995.
Mail & Guardian, South Africa, 3 may 1996.
Agence France Presse, Paris, 1er janvier 1996.
La Croix, Paris, 3 septembre 1997.
Zola MASEKO, *On l'appelait la Vénus Hottentote*, Film, Les Dossiers de l'Histoire, Coproduction France 3 – Dominant 7, Paris, décembre 1998.

SOURCES PHOTOGRAPHIQUES

Pp. 41 et 47 : Selva ; pp. 84 et 126 : Muséum d'histoire naturelle ; pp. 107 et 118 : J.-L. Charmet ; p. 140 : Archives nationales.

TABLE

Petite Bibliothèque Payot / Voyageurs

Petite Bibliothèque Payot

Guy Achard, La communication à Rome / **211**
Alfred Adler, Connaissance de l'homme / **26**
Alfred Adler, Le sens de la vie / **47**
Alfred Adler, Le tempérament nerveux / **84**
Alfred Adler, L'enfant difficile / **122**
Alfred Adler, L'éducation des enfants / **390**
Alfred Adler, L'enfant caractériel à l'école / **442**
Ernest Aeppli, Les rêves et leur interprétation / **64**
Giorgio Agamben, Enfance et histoire / **387**
Régis Airault, Fous de l'Inde / **437**
Franz Alexander, La médecine psychosomatique / **426**
Franz Alexander, Principes de psychanalyse / **444**
Alexandrian, Histoire de la philosophie occulte / **205**
Alexandrian, Histoire de la littérature érotique / **230**
René Alleau, De la nature des symboles / **319**
Anne Ancelin-Schutzenberger, Le psychodrame / **394**
Jacques André, Être médecin à Rome / **256**
Gérard Apfeldorfer, Je mange, donc je suis / **140**
Hannah Arendt, Politique et pensée / **289**
Jean-Paul Aron, Le mangeur du XIXe siècle / **8**
Paul-Laurent Assoun, Freud et la femme / **219**
Piera Aulagnier, Un interprète en quête de sens / **43**
Pierre Avril, Essais sur les partis politiques / **41**
David Bakan, Freud et la tradition mystique juive / **395**
Michael Balint, Le défaut fondamental / **44**
Michael Balint, Les voies de la régression / **383**
Ilse Barande, Ferenczi / **270**
Jean-Pierre Barou, L'œil pense / **283**
Blandine Barret-Kriegel, L'État et les esclaves / **4**
Charles Baudouin, L'œuvre de Jung / **133**
Jean Bayet, La religion romaine / **360**
Walter Benjamin, Charles Baudelaire / **39**
Pierre Benoit, Le langage de la maladie / **318**
Edmund Bergler, La névrose de base / **382**
Edmund Bergler, Les parents ne sont pas responsables des névroses de leurs enfants / **399**

Jean Hatzfeld, Histoire de la Grèce ancienne / **226**
Karen Horney, La psychologie de la femme / **418**
Heinrich H. Houben, Christophe Colomb / **93**
Johan Huizinga, L'automne du Moyen Âge / **6**
Nancy Huston, Dire et interdire / **422**
William James, Aux étudiants, aux enseignants / **373**
William James, Expériences d'un psychiste / **374**
Karl Jaspers, Initiation à la méthode philosophique / **174**
Alain Joxe, L'Amérique mercenaire / **232**
Odette Joyeux, Le troisième œil. La vie de Nicéphore Niepce / **165**
Carl Gustav Jung / Charles Kerényi,
Introduction à l'essence de la mythologie / **168**
Ernst Jünger, Le boqueteau 125 / **240**
Helen A. Keller, Sourde, muette, aveugle / **59**
Paul Kennedy, Naissance et déclin des grandes puissances / **63**
John Maynard Keynes, Essais sur la monnaie et l'économie / **24**
A. Kirkpatrick, Les conquistadors espagnols / **92**
Melanie Klein / Joan Riviere, L'amour et la haine / **18**
Siegfried Kracauer, Le roman policier / **410**
Étienne de La Boétie, Le discours de la servitude volontaire / **134**
Élisabeth Labrousse, La révocation de l'Édit de Nantes / **34**
Pierre Lafforgue, Petit Poucet deviendra grand / **443**
Étienne Lamazou, L'ours et les brebis / **250**
François Laplantine, L'anthropologie / **227**
Jean-Philippe Lauer, Saqqarah / **107**
T. E. Lawrence, Les sept piliers de la sagesse / **99**
Michel Le Bris, L'homme aux semelles de vent / **95**
Michel Le Bris,
Une amitié littéraire : Henry James-Robert L. Stevenson / **177**
Michel H. Ledoux, Introduction à l'œuvre de Françoise Dolto / **262**
Jean-G. Lemaire, La relaxation / **45**
Jean-G. Lemaire, Les mots du couple / **398**
Sous la direction de Bernard Lewis, L'islam / **207**
Jean-Pierre Letort-Trégaro, Pierre Abélard / **311**
Anna Lietti, Pour une éducation bilingue / **179**
Lin Yutang, La Chine et les Chinois / **316**
Le Livre interdit,
Textes choisis et présentés par Jean-Christophe Abramovici / **298**
Konrad Lorenz, Évolution et modification du comportement / **33**

Petite Bibliothèque Payot / Échecs

Assiac, Plaisir des échecs / **430**
Michel Benoit, Les échecs en trois jours / **215**
Bernard Cafferty, Les 100 meilleures parties de Spassky / **290**
Max Euwe / Walter Meiden, Maître contre amateur / **156**
Max Euwe / Walter Meiden, L'amateur devient maître / **216**
E. Goufeld / N. Kalinitchenko, Encyclopédie des ouvertures / **371**
A. Haïk / C. Fornasari, Les échecs spectaculaires / **347**
Alexandre Koblentz, L'école des échecs, I / **217**
Alexandre Kotov, L'école des échecs, II / **225**
Bent Larsen, Mes 50 meilleures parties d'échecs / **116**
Emanuel Lasker, Le bon sens aux échecs / **178**
Pierre Meinsohn, Les secrets des maîtres d'échecs / **296**
Aaron Nimzowitsch, Mon système I / **157**
Aaron Nimzowitsch, Mon système II / **158**
Aaron Nimzowitsch, Pratique de mon système / **261**
Ludek Pachman, Les ouvertures / **173**
G. Renaud/V. Kahn, L'art de faire mat / **323**
Richard Réti, Les idées modernes aux échecs / **315**
Richard Réti, Cours scientifique d'échecs / **336**
Michael Stean, Les échecs simples / **114**
Siegbert Tarrasch, Traité pratique du jeu d'échecs / **117**
Xavier Tartacover, Tartacover vous parle / **115**

Achevé d'imprimer sur rotative
par l'Imprimerie Darantiere
à Dijon-Quetigny en
décembre 2008

N° d'impression : 28-1749
Dépôt légal : août 2002

Imprimé en France